François Mbala

L'Héritage

François Mbala

L'Héritage

Douleur, migrations ou terrorisme!

Éditions Croix du Salut

Imprint

Cover image: www.ingimage.com

Publisher:
Éditions Croix du Salut
is a trademark of
International Book Market Service Ltd., member of OmniScriptum Publishing Group
17 Meldrum Street, Beau Bassin 71504, Mauritius

Printed at: see last page
ISBN: 978-613-7-36975-3

François Mbala

L'Héritage

Douleur, migrations ou terrorisme !

Sommaire

Ce livre roman-essai est une réflexion ouverte à tous, croyants, non croyants et ceux qui sont épris de paix et qui aspirent à une union sincère des Nations ,basée sur le respect mutuel et l'amour non formel.

Dédicace

Nous dédions spécialement ce livre au Très- Haut et à la première dame de la RD Congo, Nyakeru Tshisekedi pour sa détermination à se ranger du côté des abandonnés et délaissés de la société dont font partie les (drépanocytaires) .Nous serions ingrats si nous passons sous silence ,les nombreux lecteurs ,critiques ,qui ont permis à donner une forme et un sens à cet ouvrage .Nous avions observé et écouté les spécialistes dans de nombreux domaines liés à notre travail sans sous-estimer les chefs religieux qui ont été d'un apport considérable pour la réussite de cette œuvre que nous voulons ouverte à des améliorations futures.

Préface

Parler d'Abraham qui d'emblée représente en fait ,un personnage rassembleur de trois grandes religions(Judaïsme, Christianisme et Islam) qui jusqu'à preuve du contraire ,constituent des sources ou des foyers de conflits sanglants à travers le monde, équivaut à soulever des questions fondamentales dans la quête ou la recherche des solutions aux nombreux problèmes du siècle présent.

François Mbala présente une réflexion sur différentes observations et constats faits sur des germes et les causes des guerres, des migrations dans un roman tragique. les Nations-Unies, l'Union Européenne, et l'Union Africaine, représentent actuellement des rassemblements ou des organisations portants en leur sein des germes de conflit, non pour l'unité de l'univers entier ,mais de désunion et présentent surtout un sceptre de chaos et de désunion. L'univers qui veut dire UNI-VERS devient DESUNI-VERS ou DES UNIVERS. l'univers qui devait nous unir vers un même idéal ,vers le bien-être de la planète, est au contraire un refuge des bourreaux et des extrémistes de tous bords oubliant que nous n'avons qu'un seul univers à protéger ,mais nous semblons nager dans des univers différents comme nos différences de forme, de race, de langues, de culture et de religion comme Paria Dosse en a eu à ses frais dans ce roman .

Introduction

On aurait dit que le rêve ne peut être réalité si les désirs deviennent terrifiants et l'on se trouve contraint de fuir le destin jusqu'à ce que le réveil nous redonne l'espoir de survie que l'on ne surmontera qu'à dures épreuves. Je fuyais sans espoir de retour, et les personnes qui défilaient devant mes yeux paraissaient n'être que des fantômes. Je ne pourrais réaliser que la scène qui se passait devant moi, était une réalité lugubre.

Selon Paria Dosse, les chances de s'en sortir étaient minimes. L'amour était un piège contre une réalité indescriptible et la communauté était loin d'offrir les hospitalités devant lui permettre de faire son lit, et la fête des noces n'étaient que poursuite du vent. Le monde n'est complice de personne et nos ennemis sont parmi nos amis de tous les jours.

La famille nous oppose et nous matraque tout en nous chérissant. Quand je me réveillais ; j'avais enfin compris que c'était à l'hôpital et pourquoi faire ?

Je dédie ce livre à ma famille et à tous ceux qui de loin ou de près soutiennent la cause d'une justice juste, pour leur volonté tenace de se placer toujours du côté de la justice divine et internationale, de la protection des libertés et de la dignité humaine.

Que le fruit de notre travail aille en entièreté à ARPA RDC, l'association qui s'occupe des drépanocytaires et des victimes de viols et du SIDA en Afrique.

Moi, Paria Dosse, je ne suis pas une sorcière, je suis le fruit d'un amour sincère. Je n'ai pas choisi de naître ainsi. J'ai été mise à l'écart par les préjugés et les attitudes négatives de la société et de certaines philosophies extrémistes. Rejetée par la famille de son fiancé, Paria Dosse ou l'amour brisé se sent déprimée et tente de se suicider après la décision fatidique de sa belle-famille de briser les liens d'amour sincère suite aux résultats positifs de l'électrophorèse d'hémoglobine l'ayant déclarée « drépanocytaire » va-t-elle survivre au désespoir et au poison alors qu'une découverte pleine d'espoir, d'un médicament vient de passer en phase III des essais cliniques ?

L'héritage d'Abraham ,qui du fait est de tous les personnages illustres de la Bible considérée comme hôtesse des écrits sacrés du Judaïsme, du Christianisme et de l'Islam ,semble être accusé à tort ou à raison comme étant à la base des migrations et du terrorisme dans le monde.

Abraham apparait comme l'acteur principal, si pas le dénominateur commun entre ces trois grandes religions.

A partir de ses origines historiques controversées, les trois religions reconnaissent cet homme de la Genèse, premier livre de la Bible, comme étant le personnage central sur lequel chacun des prophètes ou envoyés, fonde sa doctrine ou sa philosophie.

-Abraham serait né selon la tradition juive vers 1812 avant notre ère, fils d'un idolâtre du nom de Téra. Abram de son nom de naissance, est devenu Abraham après sa rencontre mystérieuse et son appel par Dieu. (Gén.17 :5)

-Selon la religion musulmane, l'islam l'appelle Al Khalil ou l'ami de Dieu(Coran,II,135) en arabe selon le coran, livre sacré, « Ibrahim »

-Selon les Chrétiens, il est l'ancêtre dont est issu le messie qu'on appelle « Christ » (Luc 3 :23-38),c'est le père de tous les croyants, le père de la multitude.(Matt.3 :9)

Les trois religions revendiquent leurs reconnaissance et appartenance à ce personnage mystique et fondateur, mais s'excluent mutuellement pour ce qui concerne leur cohabitation doctrinale.

La source la plus sure étant la Bible dans sa nomenclature initiale ou empirique (arménienne, hébraïque et grecque).

On dispose aujourd'hui d'une masse importante et imposante de témoins matériels de l'existence, du regroupement et de l'usage des livres considérés comme « saints » dans la société judaïque qui vit naitre le christianisme. on le doit aux découvertes des manuscrits de la mer Morte, au milieu du siècle dernier.

L'héritage d'Abraham en plus du judaïsme et du christianisme, va également à ses relations avec des femmes Arabes, par lesquelles, l'Islam a pu s'inspirer ou tirer profit et de l'actif et du passif de cet ancêtre commun qu'est Abraham.

En lisant les passages suivants, nous aurons le cœur net. « Sara, femme d'Abram, ne lui avait point donné d'enfants. elle avait une servante égyptienne, nommée Agar.et Sara dit à Abraham :voici, l'Eternel m'a rendue stérile :viens, je te prie vers ma servante ;peut-être aurai-je par elle des enfants. Abram écouta la voix de Sara. alors Sara, femme d'Abraham, pris Agar, l'égyptienne, sa servante, et la donna pour femme à Abram son mari, après qu'Abram eut habité dix années dans le pays de Canaan.il alla vers Agar, et elle devint enceinte. quand elle vit enceinte, elle regarda sa maitresse avec mépris et Sara dit à Abram :l'outrage qui m'est fait retombe sur toi. j'ai mis ma servante dans ton sein :et quand elle a vu qu'elle était enceinte, elle m'a regardé avec mépris. Que l'Eternel soit juge entre moi et toi ! Abram répondit à Sara :voici, ta servante est en ton pouvoir ,agis à son égard comme tu le trouveras bon. Alors Sara la maltraita ; et Agar s'enfuit loin d'elle. (Genèse 16 :1-6)

I. LES DEBOIRES

- Une fâcheuse coïncidence…prononça Marie-Claire.
- Vous avez toujours eu des expressions d'euphémisme, ma tante ! remarqua Rachel surnommée « Paria Dosse »

En l'espace de six mois, Paria Dosse, âgée de dix-huit ans venait de perdre sa sœur jumelle, amie et inséparable, depuis des années. Au retour de l'enterrement, Paria Dosse, stressée et affaiblie fut acheminée au centre de santé la plus proche pour des soins appropriés.

A la naissance de Rachel surnommée « Paria Dosse », un événement un peu insolite s'était déroulé dans la famille de son frère François, père de ces deux jumelles, raconta tante Marie-Claire.

Dans cette maison très luxueuse qui comportait plusieurs chambres dont celle des parents, François et sa jolie épouse Marie, une dispute pas comme les interminables auxquelles elle avait l'habitude d'assister, invitée ou pas, s'est produite quant Esther fut malade.

- Je suis navrée, ma tante, reprit Marie voulant cacher ses larmes dont elle avait l'habitude de faire couler et si cela pouvait servir à desservir les régions arides de certains pays du Sahara Africain, elle serait déjà riche par ses transactions.
- A quelque chose malheur est bon ! enchérit François d'un ton enjoué, à l'entrée de tante Marie-Claire. Je vais enfin tout dire et divorcer par la suite.
- Tante Marie-Claire, les responsabilités sont partagées et depuis mon mariage d'avec ton frère François, nous ne connaissons que malheurs sur malheurs.

Ton frère doit être sincère avec toi. Il doit cacher un secret séculaire qui soit à la base de tous ces événements malheureux auxquels nous sommes presque collés.

François n'a pas fait de longues études et même si la chance devait lui sourire tous les jours, nous ne pouvions pas avoir toute cette vie en rose que vous nous enviez.

- Marie, je peux rester près de vous quelques jours encore, mais pas indéfiniment, à moins d'abandonner mon petit commerce que je fais à Kinshasa.
- Il n'en est pas question, Marie-Claire, répondit François d'un ton catégorique et colérique à la fois. Cette femme est porte-malheur et une sorcière consacrée. Elle a déjà dévorée trois de nos enfants et ces jumelles vont encore être sacrifiées par elle, pour quel bénéfice ! je voudrais en finir une fois pour toute avec cette villageoise qui a grandi dans la forêt et que j'ai voulu civiliser en l'amenant dans une grande ville comme celle-ci.

Au lieu de me remercier d'avoir rehaussé son standing de vie, elle continue à bouffer mes enfants tout en m'accusant de m'être enrichi par des pratiques fétichistes ou magiques.

- François, enchaina Marie-Claire, vous vous disputez souvent à ce sujet et étant intellectuel, vous feriez mieux de consulter un médecin pour savoir qui peut être à la base de tous ces décès en cascade au sein de votre foyer. Depuis que vous êtes mariés, vous ne connaissez pas vos statuts sérologiques et en plus de cela, des causes profondes et scientifiques des décès de vos trois enfants toujours avant l'âge de cinq ans pouvant vos interpeller au lieu de ces disputes interminables ?
- Nous sommes entièrement d'accord, et dès demain, nous irons voir un médecin et requérir des conseils.

Au moins cette fois-ci sera la bonne, nous serons départagés par un médecin car j'ai subi pendant presque dix ans, des supplices de cette intolérable créature qui a failli me rendre fou et n'a cessé de me récriminer en me faisant tourner en bourrique. Après l'hôpital, cette fois sera la dernière, car sa sortie de cette maison me soulagera et le jour de son départ va correspondre à mon jour d'anniversaire et je rendrais grâce à Dieu pour cela.

Le lendemain, Marie-Claire femme de François s'est levée tôt et commença à se refaire une beauté fraiche, à allonger avec discrétions ses cils. L'expression de sa figure, ses yeux gris délavés aux paupières fripées, sa boucle encadrée de petites rides annonçaient la trentaine. Sa chevelure claire se détachant sur l'arrière-plan des vieilles boiseries.

- Ne fait pas des pitreries, lui lança François, nous pouvons être en retard au rendez-vous du médecin et c'est le malade qui doit attendre le médecin et non le contraire. Moi, je n'ai pas l'habitude de trainer en longueur, surtout quand j'ai pris une douche froide, mes ablutions sont différées de fois mais j'éprouve le même empressement quand il s'agit des choses sérieuses.
- Je t'en prie, Marie, épargne-moi des extases diaboliques, je suis la seule personne qui puisse apprécier ta beauté et nous n'allons pas à une fête, mais à une sentence. Dès notre retour de l'hôpital, tu ferais mieux de faire ta valise et de déguerpir sans qu'on puisse te me mettre à la porte comme une pute.
- Assez dit, François, l'heure est arrivée où tes incantations faites en secret en vue de monter en garde, seront mises à nu par le médecin qui nous dira où tu as mis tous nos enfants décédés.
- Ah ! bon, le thé est prêt, dit Marie-Claire. Assez de vous disputer et soyez à temps pour le rendez-vous. Il ne s'agit pas d'un charlatan ou féticheur qui devinera votre avenir, mais bien plus d'un scientifique, rationaliste, ayant le sens du devoir et les analyses de laboratoire nous diront qui de vous deux est à la base des décès en cascade de vos pauvres enfants. C'est vers neuf heures que la voiture luxueuse de François entra dans l'enceinte de la clinique saint Bernard.
- Dans le hall, nous nous trouvâmes nez à nez avec une infirmière, les bras chargé d'un plateau, buste étroitement sanglé, col strict, raide d'emplois, tablier blanc immaculé, cheveux lissés en arrière, une personne courtaude,

incarnait la dignité ancillaire en personne, une espèce en voie de disparition. L'accueil fut courtois par de service de réception qui nous introduisit sans tarder dans le bureau du médecin.

Le docteur Frank, un sujet Allemand qui aurait vécu moitié en France, moitié en Allemagne où il a épousé une Française ravissante, Marthe. Lors de notre visite, le médecin très attentif, écouta avec avidité ce récit rétrospectif.

- Je vois, ce que c'est, dit Frank, d'un ton rassuré. L'expérience ayant tissé le caractère et la sagesse de cet homme dont la lourde formation au sein de grandes et prestigieuses Universités à travers le monde, ont fait de lui, une personnalité parmi les plus respectées de cette République au cœur de l'Afrique.

- Je vais vous envoyer au Laboratoire pour certaines analyses et nous allons vous revoir dans quelques jours, car certains de ces examens vont demander quelques jours de culture.

Dès le retour de la maison, chacun de nous a été très pensif, calme et impatient de connaître le vrai commanditaire et les vraies raisons de ces tragiques événements douloureux ayant secoués le foyer de Monsieur François et da sa superbe et coquine femme.

Le moment fatidique étant venu, comme le premier jour, François, Marie et Marie-Claire se retrouvèrent devant le docteur Frank qui mettait tout le monde à l'aise par un sourire cachant le désarroi et accompagné d' une longue pause et dit :

- Soyez les bienvenus et soyez détendus, car j'ai en main les résultats des analyses et examens faits. Les résultats ne sont pas mauvais en soi, mais nécessitent néanmoins des explications supplémentaires et des éclaircissements pour les termes que vous entendrez peut-être pour la toute première fois de votre vie.

Je suis heureux à la fois que cela soit fait à temps et pendant que vous êtes encore trop jeunes. J'aimerais vous conter une petite histoire. La drépanocytose est une maladie génétique dans laquelle l'hémoglobine A (hémoglobine normale) est remplacée par l'hémoglobine S (hémoglobine malade). Elle est transmise par les deux parents. Chaque parent donnant un gène muté (gène beta S) qui assure la transmission de cette maladie, également appelé anémie falciforme ou « SS »

Contrairement aux préjugés populaires, cette maladie n'est pas due aux forces occultes ni encore moins aux mauvais esprits. Elle est transmise par le père AS et la mère AS comme c'est le cas pour vous deux, constituant ce couple.

L'anémie SS n'est pas contagieuse, il n'existe aucun traitement à ce jour capable de guérir l'anémie SS, mais des traitements symptomatiques et un suivi médical régulier peuvent permettre aux drépanocytaires de mener une vie confortable et de grandir avec moins de complications invalidants en appliquant diverses mesures qui offrent un environnement favorable à l'épanouissement des drépanocytaires, d'où :

- Nécessité d'une transformation totale des mentalités et un esprit de sacrifice ;
- Beaucoup d'amour et d'affection pour ces enfants victimes de l'amour de leurs parents et de leur ignorance de la maladie drépanocytose. Entourés de l'affection des siens, les enfants drépanocytaires peuvent grandir comme les autres enfants. Les parents et l'entourage des drépanocytaires doivent être attentifs et bien surveiller ces enfants avec l'aide du personnel soignant et des enseignants pour les aider à mener une vie confortable et fréquenter l'école sans aucune crainte…

Leur existence qui a été totalement transformée et leur aspiration de vie pourra être améliorée grâce à :

- Des mesures simples d'hygiène personnelle et collective ;

- Une bonne discipline de vie ;
- Et un traitement de fond simple à domicile.

Quelques principes de traitement sont expliqués et c'est aux professionnels de santé de les accompagner dans leur vie.

- Docteur, merci beaucoup, repris très satisfait, François. Vous avez été formidable. Lors du décès de notre premier enfant, j'avais soupçonné mon épouse, mais la sagesse m'a donné des réserves. Cette fois-ci, elle est presque cuite, car ces révélations que vous venez de nous faire, prouve à suffisance sa sorcellerie héritée de sa vilaine mère, qui au village, n'a pas bonne réputation et en plus, à observer de près leur famille étendue, beaucoup de leurs, mouraient toujours pour des cause inconnues et brutalement, dévorés par ces anthropophages qui pullulent leur ethnie.

- François, enchaîna le médecin Frank ahuri, vous m'étonnez par vos propos qui dénotent de votre incompréhension totale de la maladie héréditaire dont vous et votre femme, sont responsables de tous ces malheurs qui ont frappé votre foyer par ignorance et par manque de connaissance de vos états sérologiques lors de votre mariage. Vous et votre femme, êtes AS et si vous faites toutes les combinaisons possibles, vous arrivez à avoir 25% des enfants AA ; 50% des enfants AS et 25% des enfants SS qui, ces derniers, si toutes les dispositions ne sont pas prises à temps, vous amèneront à coût sûr à enterrer encore d'autres enfants que vous pouvez avoir par la suite.

L'essentiel et le plus important, c'est d'arrêter de chercher des boucs émissaires ou des sorciers du village qui puissent être à la base de toutes ces mésaventures qui vous arrivent, mais de rechercher plutôt, les voies et moyens de prendre correctement en charge la jumelle qui vous reste et d'être prudents pour l'avenir si vous deviez avoir encore d'autres enfants, car la probabilité d'avoir des « SS » est encore possible.

- Docteur, vous voulez dire que moi et ma femme, avons la sorcellerie héritée de nos parents. Dès ce soir, je me rendrais dans ma famille pour achever ma pauvre vilaine mère, car mon père l'aura échappé belle en mourant avant ces révélations.

Marie également doit rentrer au village pour faire de même avec ses parents. Plus jamais nous ne tolérerons plus que ces fléaux émanant des ancêtres sorciers puissent décimer toute une génération innocente.

Il y a un adage qui dit que mieux vaut la mort d'une personne que la disparition de tout un peuple. Le docteur exaspéré et fatigué par ces incompréhensions et cette bassesse d'esprit, a fixé rendez- vous au couple pour un autre entretien, le temps de calmer les esprits surchauffés par ces révélations inattendues et incomprises. Marie, la femme de François était furieuse, des idées douloureuses envahissaient son esprit et elle envisageait des réactions stéréotypées.

- La malchance me poursuit, relève-t-elle, ce qu'on pense de moi est intolérable. Si ce n'était qu'à moi que tous ces malheurs pouvaient arriver ? Suggérai-je en blêmissant à cette perspective, voudrais-tu que je me suicide ? Une vague de tristesse et de colère traversa son visage.

- Je comprends son émotion …beaucoup, avoua François. Mais que ferons-nous après ces déclarations du docteur Frank ?

- Nous ferons ce que nous faisions avant que nous ne venions voir le docteur. Notre famille était super enthousiaste avant de prendre connaissance de ces bobards du charlatan médecin.

- Marie, soupira François soudain anxieux, ne parlons plus de cela pour le moment et rentrons à la maison sans aucun souvenir de ce qui vient de se passer entre nous et le docteur. Nous pouvons consulter nos familles respectives ou un féticheur au lieu de nous fier à ces appareils moins sûrs que nous apporte ces donneurs de leçon au nom de la civilisation occidentale. Nos ancêtres à nous et nos grands-parents vivaient sans problèmes dans la jungle, sans avortement, sans maladie « SS » et sans fausse- couche. Ces soi-disant progrès de la médecine et de la science, au lieu de nous aider, sont venus plutôt nous enfoncer dans du pétrin.

II. DU BONHEUR AUX EPREUVES

Je suis née le treize juin en l'an de tous les bonheurs, mil neuf cent soixante-six, dans la petite ville coquette de Likasi, au Congo dont j'ai décidé un jour d'haïr le nom et le jour de ma naissance avant que mon père ne soit propulsé au zénith par je ne sais pas quelle magie. Je suis le fruit d'un amour sincère et je n'ai pas choisie de naître ainsi. Paria Dosse n'est pas mon vrai nom. Je me nomme Rachel. Mais comme l'indique le surnom qui ne signifie qu'une personne tenue à l'écart, méprisée de tous. Dosse c'est lors du sciage des grumes, la première ou la dernière partie que l'on enlève et qu'on conserve son écorce. Ce sont des rebus. Ses deux parties étant enlevées et jetées, elles ne servent plus à rien. On conserve néanmoins l'essentiel et les parties utiles. Ses deux rejets font partie d'un tout non utiles.

De l'amour entre deux personnes sincères, l'une AS et l'autre AS également, il se dégage 25% d'enfants AA, 50% de AS et 25% de SS. Je découle du « S » de mon père et du « S » de ma mère, mais comme rebu, rejetée par la société qui m'a appelée à l'existence. La société et la communauté internationale n'y attachent que très peu d'attention à côté des maladies comme le SIDA ou le paludisme. J'ai donc grandi dans un milieu hostile et indifférent à la fois dont j'e n'ai hérité que la mauvaise part comme le « S » me condamnant presque.

Ayant était reçu aux examens d'Etat, organisés chaque année pour les finalistes du secondaire, j'ai été orientée d'aller poursuivre mes études de médecine à l'Université de Kinshasa. Mon départ de ma ville natale reposait beaucoup plus sur mon sursaut d'orgueil.

Dès mon entrée à l'Université, je fis connaissance d'un jeune médecin qui venait de terminer ses études en médecine également. Alex est son nom, un jeune entreprenant, issu d'une famille musulmane. Il avait six ans de plus que moi. Ce jeune doctorant avait l'œil aussi brillant que sa prémolaire gauche dévoilée par un sourire sérieux. Notre première rencontre sur le campus m'a bouleversée et je suis tombée amoureuse de lui sans ne me poser aucune question.

Bien que une seule hirondelle ne puisse faire le printemps, je découvris en cette rencontre, une transformation si pas définitive mais irréversible de ma vie. Bien que je sois méfiante envers les superlatifs, les mots serments ou autres qui tapent le tympan, je puis affirmer sans ambages et sans l'ombre d'une hésitation, que je garderai jusqu'à ma mort, ce regard, l'image de cette aube qui fut pour moi, celle d'une ère nouvelle.

Alex émergea alors de ce vaste océan dans lequel, je n'avais jamais vu que mon propre reflet, et c'est fut un merveilleux récif de corail, un ilot-trésor. Il m'a ouvert des horizons, m'en enfanta une seconde fois. Alex avait une place à part dans ma vie dès cette rencontre providentielle. Ne me contentant pas d'être différente, il m'en fit aussi prendre conscience. Il m'a vidé ma tête de toutes les images qui l'encombraient et la seule que je gardais c'était celle d'Alex.

A la fin de l'année académique, une année inattendue vient augmenter ma mesure d'amour envers Alex. L'officialisation ou le projet d'officialisation de mes fiançailles et la pré-dot qui devait intervenir dans l'année. Je me trouvais, sans en être réellement conscience, dans la peau d'un nouveau-né. Chaque jour qui passait m'ouvrait un horizon nouveau, amenant avec lui une pleine cargaison d'enseignements inédits et à découvrir. Ballottée en tous sens comme une balise mal arrimée au milieu d'un océan déchainé, j'étais en pleine gestation. Des jours se succédèrent comme les mots d'une mélodie mystérieuse dont les rythmes variaient sans cesse, jusqu'à l'accomplissement de l'acte final « le mariage ». La belle-famille m'avait instruit que pour être prudent et préserver l'avenir de mes enfants, il nous fallait faire des tests de pistage volontaire de SIDA et les examens de l'électrophorèse d'hémoglobine. Je connaissais pour ma part que j'étais « drépanocytaire » et que ma seule chance pour passer ces tests restait qu'Alex soit AA, ce qui pourrait me donner une bonne marge d'être acceptée dans sa famille comme étant sa future épouse.

Je commençais à revoir les soins que me prodiguait ma mère jusqu'au décès de ma sœur jumelle. Je revoyais également les cours et les publications des éminents hommes sciences et chercheurs, pour que je sois à mesure de faire face aux questions qui devaient forcement pleuvoir quand on découvrirait que j'étais ce que tout le monde craignait. Il fallait en attendant prendre toutes les dispositions pour que des crises aigues ne puissent pas subvenir pendant la période où l'on devait pré-doter. Ma santé était fragile comme l'indique les épisodes que nous traversons souvent les mois de mai et juin, septembre et octobre étaient très dangereux pour nous au Congo. Je revoyais mes cours et les publications qui me rappelaient que la drépanocytose est une maladie génétique dans laquelle l'hémoglobine A (hémoglobine malade) est remplacée par l'hémoglobine S (hémoglobine malade). Elle est transmise par les deux parents, chaque parent donnant un gène muté (gène béta S) qui assure la transmission de cette maladie également appelée anémie falciforme.

Le système circulatoire normal est composé du cœur, des vaisseaux sanguins et du sang. Les vaisseaux sanguins sont constitués par toutes les artères qui apportent le sang oxygéné et les nutriments des poumons et du cœur vers tous les tissus et organes du corps ; des veines qui drainent le sang désoxygéné de tous les tissus vers le cœur et les poumons.

Les globules blancs comprennent les neutrophiles, les lymphocytes, les basophiles, les éosinophiles et les monocytes. Ils protègent l'organisme conte les microbes. Les plaquettes interviennent dans la coagulation du sang pour freiner les hémorragies. La fabrication du globule rouge se déroule dans la moelle osseuse. La durée de vie du globule rouge est de 120 jours avant sa destruction normale dans la rate. Le rôle des globules rouges est d'assurer le transport de l'oxygène (ou O_2) grâce à l'hémoglobine qu'ils contiennent. Chargés d'oxygène au niveau des poumons, élément (O_2) dans les cellules des différents tissus-en cellules des différents tissus. En même temps, ils emportant c'est l'oxyde de carbone ou CO_2 qu'ils remmènent vers les poumons d'où il est rejeté dans l'air expiré.

Après la libération de l'oxygène dans les cellules, les globules rouges AA gardent leur forme de disque biconcave et circulent normalement dans les petits vaisseaux. Par contre, les globules rouges SS désoxygénés perdent leur forme normale car l'hémoglobine S qu'ils contiennent durcit et rend les globules rouges SS plus ou moins rigides. Ils circulent moins bien dans les petits vaisseaux pauvres en oxygène. Après plusieurs voyages entre les poumons et les cellules, l'hémoglobine S durcit au fur et à mesure et déforme définitivement les globules rouges, les drépanocytes. Ils gèrent la circulation sanguine dans les vaisseaux moyens et obstruent les petits vaisseaux et provoquent des douleurs qui peuvent devenir atroces et invalidantes. Les crises douloureuses sont donc la conséquence des obstructions aigues de la microcirculation sanguine (circulation au niveau des petits vaisseaux : artérioles pré capillaires et veinules post capillaires).

Elles sont causées par :

- La formation de fibres de polymères d'Hb S (= polymérisation) en conditions de baisse d'oxygène dans le sang : les molécules de l'hémoglobine désoxygénée s'attachent les unes aux autres, s'agrègent de plus en plus en s'allongeant. Elles deviennent cristallines, comme de petits morceaux de verres, durs et pointus ;
- La déformation des globules rouges (falciformation) et la perte de la déformabilité érythrocytaire conduisent à l'obstruction de petits vaisseaux ;
- L'adhérence accrue des globules rouges jeunes et des globules blancs activés à l'endothélium vasculaire, en particulier dans les veinules post capillaires, participent aussi à l'obstruction des vaisseaux sanguins.
- La séquestration (blocage) des globules (parfois étendue)

- ➢ Menace le fonctionnement de nombreux tissus et organes privés de sang et d'oxygènes ;
- ➢ Génère des réactions inflammatoires, des thromboses (obstructions) ;
- ➢ Constitue un risque infectieux particulièrement sévère.

Ces complications qui peuvent être mortelles, sont sources de beaucoup de séquelles, de handicaps et de lésions dégénératives chroniques et hautement invalidantes dans la vie de chaque jour.

Je lus et relus tous ces passages en comble et ma mine deviennent triste comme le jour de l'enterrement d'un être cher.

Le père du docteur Alex était de ces messieurs qui sont très cartésiens. Anaclet était mort de cirrhose de foie. Cet intellectuel issu de la fameuse Université coloniale, avait élevé tous ses enfants dans une grande discipline la plus draconienne qui ne puisse exister. Sa femme Justine était de ces femmes Africaines qui ne s'occupaient que du ménage, instrumentée et chosifiée par la société empirique, elle avait droit aux éloges que lors de la sortie de la maternité. La parole lui était interdite en public par la coutume et la religion à laquelle Anaclet appartenait. Les frères de son mari ont perpétué cette coutume et l'ont érigée presque en doctrine et c'est de cette façon que Alex a grandi, dans cette ambiance de suspicion.

Justine était un quadragénaire grisonnant à la lisière de la cinquantaine. L'expression de la figure, ses yeux gris délavés aux paupières fripées, sa boucle encadrée de petites rides annonçaient la jouissance et le cynique.

Après la soutenance de la thèse de doctorat, Alex a résolu de pouvoir arranger une petite maison que sa tante paternelle lui avait cédée. C'était une petite maison avec deux pièces attrayantes en dépit de son délabrement, mais sombre car en cette saison, le soleil n'y pénétrait presque pas.

- Un petit tombeau dans le grand, persifla Jeanne, une amie de Paria Dosse, frissonnante sous son épaisse Jaquette de Jeans. Heureusement, il y avait du charbon de bois pour se réchauffer. C'est un avantage. Agenouillée devant la pyramide toute prête des braises, Paria Dosse fut craquer une allumette et, aussitôt, les flammes crépitèrent. Frileuse, elle y tendit les mains et demanda !

- Tante Anastasie, vous a-t-elle dit que vous pouviez choisir ce qui vous plaira pour meubler la maison ? Il y a ici du mobilier et d'objets menacés de destruction par les vers et suffisamment pour équiper un hôtel. Alors, prenez l'offre de la tante au mot.

- C'est très généreux de sa part, reprit Alex, elle est généreuse quand il lui plait et avec qui lui plait. C'est une grande chance que tu sois là Paria pour m'aider à arranger les choses, peut-être, on ne sait jamais si ça pourra être ton futur logis.

- Tu seras obligé de faire face à de nombreux problèmes ou questions de sa part. Nous devons nous préparer pour officialiser nos fiançailles, Paria, car je ne peux plus attendre encore longtemps. J'adore ce quartier, car nous avions passé notre enfance dans la capitale dans une ferme isolée de tous et nous adorons la vie campagnarde.

- Et vous, Jeanne ? interrogea Alex. Vous ne dites rien ?

- Jamais quand deux amoureux parlent, je n'ai rien à dire de mieux qu'elle. L'oreille de Paria, exercée aux plus subtiles nuances de ton de son amie, perçut l'agressivité sous-jacente de sa réponse. Lorsqu'Alex parlait de cette voix blanche, impersonnelle, cela trahissait un sentiment peu tendre et jaloux de l'amie de Paria. Mieux valait ne pas insister. Au même moment, la mère du Docteur Alex venait de faire son apparition ou son entrée dans la maison. Elle voulait avoir le cœur net si Alex avait réellement pris possession de cette offre de sa tante.

- Bonjour, ravie de connaitre la dernière génération du modernisme. Avant même le mariage, vous jouez déjà aux mariés : prononça-t-elle d'un ton mi-condescendant, mi- narquois. Nos hommages, Paria, je vous salue ainsi que votre amie.

Etes-vous fâchées de mes propos ? Je vous tire mon chapeau, vous êtes de courageuses filles. Profitez de votre jeunesse. De notre époque, il n'était pas possible de se retrouver comme cela, c'est une chance unique que vous avez, que mon mari ait disparu avant votre mariage. Remerciez le ciel pour cela. Mais, Paria, tu dois savoir qu'Alex a de la famille, des oncles, ses tantes paternelles et surtout sa tante Anastasie qui a préséance et a un mot à dire dans votre mariage. Il vous sera difficile d'officialiser votre mariage car, votre tribu n'est jamais acceptée par la nôtre et surtout votre religion chrétienne est incompatible avec l'Islam.

Assise sur la banquette de la fenêtre, dans la petite cuisine encore vide, Paria Dosse répondit à sa belle-mère, installée elle sur un baril retourné, que l'attitude protectrice et railleuse était provocatrice des violentes flambées de colère à laquelle elle n'était pas habituée. Les yeux embrasés de fureur, les joues écarlates, elle répliqua :

- Ce n'est pas seulement Jeanne et son rire de hyène qui me font voir rouge, c'est un je ne sais quoi, chez ces mentalités villageoises qui nous prennent pour des jobardes.

Jeanne, toujours taquine, crut sage de prendre la tangente

- Alors, vous lâchez tout, Paria, c'est à ça que ta belle-mère veut en venir.
- Non ! jeta Alex d'un son péremptoire, restez, ne vous agitez pas. Nous arrangerons bien la chose au moment venu. Paria est une fille comme il y en a treize à la douzaine dans son milieu et encore une fois, elle va s'en aller. Quant à Jeanne, elle est antipathique envers la mère d'Alex. Logés dans une maison en don où nous serons des maîtres après notre mariage Paria.
- Au diable ! mais n'empêche que je me demande ce que ta famille complote déjà pour notre mariage. Dis-donc, pas d'imagination morbide, je t'en prie. Et puis, assez flâné, donne-moi un verre d'eau. Alex et Paria avaient des meilleures

raisons du monde pour souhaiter que la maman d'Alex doive partir avant son père, car elle constituait un obstacle majeur pour la réalisation de leur rêve.

➢ C'est ainsi que vous concluez, je pense et beaucoup de gens avec vous. Les ignorants se braquent toujours sur le motif visible pour soupçonner autrui, l'imbécilité humaine est insondable, repris Jeanne, l'amie de Paria.

➢ Je ne conclus rien du tout, Jeanne, répondit paisiblement Paria Dosse sans relever l'insolence. Il me reste quelques questions personnelles à poser à Alex et ça se fera à huis clos. Quelques mois plus tard, Justine la mère du docteur fut trouvée morte chez elle, dans des circonstances peu élucidées. Les policiers étaient sur toutes les pistes pour essayer de comprendre les motifs ou mobiles de cette mort brutale et à qui pouvait-elle profiter ? toutes les personnes qui étaient de loin ou de près liées à cette pauvre femme, furent interrogées par la police.

➢ Où étais-tu la nuit de la mort de maman Justine, Paria, car tu m'as dit que tu étais allée lui rendre visite ?

➢ Je l'ai déjà dit au commissaire Anaclet. Le 25 novembre, j'étais bien sûr dans le quartier mais chez mon amie Jeanne. Elle m'a appelé à dîner à vingt heures. Nous sommes reparties de là vers vingt-deux heures pour rentrer chez elle. Je me suis couchée et c'est au moment où j'allais sortir le lendemain matin, vers neuf heures qu'on m'apprendra par téléphone ce qui venait de se passer chez ma belle-mère.

➢ Peux-tu m'apporter la preuve de la véracité de tes déclarations, c'est-à-dire de ta présence dans ce restaurant avec ton amie Jeanne et l'heure à laquelle tu as quitté la belle-mère d'Alex pour te rendre à ce rendez-vous suspect ?

➢ Non, mais tu ne peux pas davantage prouver que je n'y étais pas.

➢ A sa connaissance, mère Justine ne m'avait pas l'intention de bloquer notre mariage et sa mort ne fera que compliquer nos espoirs. Les circonstances de sa mort sont floues car les enquêtes laissent entrevoir un meurtre qu'un accident par électrocution.

- Sais-tu que notre mère n'utilisait jamais cette cuisinière à part un réchaud simple à deux plaques ? A-t-elle utilisé la cuisinière après ou avant ton départ de chez elle ?
- Je crois que c'est après mon départ, car je n'avais pas mangé chez elle, à part quelques sandwich et du jus.
- Quelle a été la réaction de Jeanne, ta petite amie à l'annonce du décès de ma mère, Paria ?
- Elle était très bouleversée comme moi. Pourquoi me regardes-tu comme cela ? tu soupçonnes tout le monde ?

Sans répondre, Alex se leva.

- Je suis navré, Paria, prononça-t-il poliment. Dès que je le pourrai, je te ferais savoir quel jour nous allons enterrer notre pauvre maman.
- Il faut l'enterrer le plus tôt que possible car une mort par électrocution peut entrainer facilement la décomposition rapide du corps de la victime.
- Tu es douée Paria, de savoir tout cela.
- Ce n'est pas moi qui le dit, c'est Jeanne qui me l'a soufflé, après ses études en électronique, elle en sait beaucoup sur le courant électrique et ses conséquences.

Après le départ de Paria Dosse, Alex repassait en esprit son entretien avec sa fiancée. Elle lui avait apporté son témoignage avec sang-froid glacial et une parfaite objectivité. Même l'inspecteur, l'expert en caractère, avait fait le même constat. Anaclet avait la ferme conviction que Paria et son amie devaient être en dehors de ce meurtre si meurtre il y en avait.

Un jour, soulagé d'avoir gagné une partie difficile grâce à la conduite souverainement adroite de sa « main », aurait eu semblable attitude. Néanmoins, chose à retenir, malgré l'attitude concrète et sincère de Paria qui pouvait la disculper de tout soupçon, zone d'ombre demeurant toujours. Pourquoi n'avait-elle pas pu passer la nuit avec sa belle-mère qui vivait seule après le décès de son cher époux et de surcroit, pourquoi, n'a-t-elle pas diné à la maison avec Justine et avoir choisi le restaurant tout en sachant que sa belle-mère aurait eu beaucoup de peine pour préparer en utilisant une cuisinière à four qui datait de l'époque de louis XIV.

En fait, elle avait suivi une tactique comparable à celle d'un avocat de la défense, légèrement méprisant en face des doutes du tribunal. « Balayons les sornettes et les commérages ; il ne peut être question que d'un accident causé par la main irresponsable d'une mère techniquement déficiente ».

Il est certain que la donzelle connait les habitudes de son amie Jeanne, pensa l'inspecteur. Elle n'avance que ce dont elle est sure, car elle est bien trop forte pour se risquer à inventer quoi que ce soit. Sa version est plausible…

Il me faudra l'étudier de près. Cette carte de Paria et Jeanne pourrait bien être un atout majeur. Tout en poursuivant son chemin, Anicet n'était engagé dans le sentier nouvellement empierré, remplaçant l'ornière boueuse de jadis, conduisant à la maison de la pauvre défunte. La petite maison était plaisante. De souche campagnarde et de gouts aussi peu citadins que possible, il fut sensible au charme vieillot des murs de granit et de briques patinées par le temps. Il admira le toit de tuiles rondes moussues se détachant sur la toile de fond de vieux pommiers enrobés de lichen. Une volute de fumée, tenue et noircie montait toute droite dans l'air immobile et chaud du mois d'octobre. Il devait faire bon vivre là.

Il y avait beaucoup de monde déjà, dehors et aux alentour, Paria et Jeanne étaient déjà là pour les obsèques :

Pull-over amande et jupe grise, sa chevelure soignée. Mais ce fut le regard angoissé, poignant.

- Miss Paria Dosse ?

➢ Paria n'attendit pas de réponse pour se présenter ainsi que son amie inséparable :

➢ Inspecteur Anicet de la police criminelle.

➢ Paria s'efforça pour présenter son fiancé, le fils de la pauvre que l'inspecteur reconnut en passant après sa première déposition à la police, le lendemain de la découverte du corps de sa mère. Un air d'ironie dans le ton de la jeune fille n'échappe pas à l'oreille de l'inspecteur un peu sèchement, il répondit :

➢ Je veux parler à toute personne susceptible d'apporter de la lumière sur le décès de votre mère, s'adressa en ces termes, l'inspecteur à Alex. Je sais que vous auriez été soumis à l'interrogatoire de mes collègues…

➢ Oui, coupa Paria d'une voix basse et pour vous épargner un nouveau questionnaire, je vous répète tout de suite ma déclaration : je sais que tous les appareils électroménagers étaient contrôlés au préalable avant de les mettre dans les mains d'une veuve comme ma belle-mère. Je sais que lorsque j'avais quitté le 25 novembre pour n'y revenir que le lendemain matin après neuf heures après l'annonce de son décès, je n'avais pas allumé la cuisinière ni le réchaud.

➢ Ce n'est pas cela que j'allais vous demander dit Anicet doucement. Je voudrais savoir si vous portiez toujours sur vous le double de la clé de la maison qu'on vous auriez remise lors de votre arrivée chez votre belle-mère.

➢ Oui, Justine m'avait donné cette clé. Je l'ai placée avec mes propres clés dans mon sac à main que je garde toujours avec moi parce qu'il contient mes effets personnels.

➢ Pourquoi l'avez-vous gardée alors que vous saviez que vous iriez passer la nuit ailleurs ?

➢ Non, je ne savais pas que je ne serais pas de retour, c'est Jeanne mon amie qui m'a invitée à ce diner, et m'a priée de rester chez elle jusqu'au matin.

➢ N'avez-vous jamais songé qu'en cas d'imprévu, ou d'accident que sais-je, il aurait été sage de vous assurer que vous ne puissiez pas avoir cette clé avec vous ?

➢ Cette éventualité m'a, en effet, traversé l'esprit, mais j'ai eu bon de l'emporter avec moi pour que si je rentrai tard, je ne puisse pas la réveiller. Paria s'exprimait d'une voix claire et d'un ton posé, mais Anicet perçut dans la dernière phase une tristesse un peu amère.

➢ Une seconde question. Je vous prie d'y répondre sans aucune réticence. Que pensez-vous de votre belle-mère Justine de son vivant ?

➢ C'est une créature bornée, têtue et rétive à tout modernisme, mais elle était serviable et dévouée. J'aurais mauvaise grâce à monter ses défauts en épingle. Je ne peux rien dire d'autre sinon qu'elle était villageoise, attachée à ses coutumes et à sa religion musulmane…

➢ Et rétive à tout changement, acheva Anaclet imperturbable. Paria Dosse leva les yeux sur lui et ne put s'empêcher de sourire, malgré le peu d'envie qu'elle en eut.

➢ La croyez-vous capable d'avoir mal utilisé la cuisinière ? poursuivit Anicet.

➢ Je dis non de la façon la plus formelle. Justine avait peur d'utiliser la cuisinière, elle se servait du réchaud à deux plaques, moderne et ne cessait de dénouer les fils nus et autres imperfections de cette vielle cuisinière.

➢ Toujours est-il que quelqu'un a tripoté la cuisinière. Croyez-vous à un accident et, si oui, comment se serait-il produit ?

➢ Il n'y a pas eu de meurtre, répondit Paria, d'un ton ferme. Personne n'en voulait à Justine, on ne peut accuser personne de crime.

➢ Et cette personne, c'est qui ?

➢ Là, inspecteur, je me récuse. C'est votre affaire, pas la mienne.

➢ C'est possible, mais c'est votre affaire, n'en doutez pas, de m'apporter tous les éclaircissements possibles si vous en avez. Vous croyez que Justine aurait été tuée volontairement.

➢ J'en suis persuadé.

- Soyons méthodiques et examinons les éléments du problème : en premier lieu, qu'elles sont les personnes qui connaissaient l'existence de la cuisinière et du réchaud ?
- Paria réfléchit quelques secondes :
- Mon fiancé, moi et la pauvre femme.
- Et les voisins ou vos amics ?
- Je n'en sais rien.
- C'est abominable de soupçonner quelqu'un de meurtre, mais c'est eux ou nous, inspecteur, comprenez-vous ? Eux ou nous. Est-ce pour nous faire prendre à leur place qu'il m'a envoyé voir sa pauvre maman ? La famille de mon fiancé a toujours cherché des alibis pour empêcher mon mariage d'avec Alex. Je prouverai mon innocence car c'est un accident qui est arrivé, pas plus. Frémissante de colère maintenant, les joues rouges, Paria frappait la table de ses poings. D'une voix tranquille, Anicet l'apaisa :
- Devenir folle ne vous sera d'aucun secours, miss Paria. Ce qui vous aidera et moi aussi, c'est de réfléchir, de vous souvenir de tout ce que vous avez vu, entendu et fait depuis votre arrivée chez votre belle-mère.

Anicet, humain et sage, résolut de ne pas poursuivre son interrogatoire plus avant. Il sentait fléchir la maitrise nerveuse de la jeune fille et voulut lui laisser le temps de rassembler ses esprits.

Après l'enterrement, l'inspecteur revint encore voir Paria chez elle, chez ses proches parents de Kinshasa.

Le regard clair de Paria se posa sur celui de l'inspecteur :

- Peut-être quelqu'un est- il entré et sorti après mon départ comme vous le suggérez, monsieur l'inspecteur, ce qui expliquerait l'ouverture du verrou, mais ce quelqu'un devait être informé que la belle-mère était seule.

- A peine Paria achevait-elle sa phase que la porte poussée par une main brutale s'en vint battre le mur. Marcel, entré en ouragan, s'arrêta interdit, les sourcils en accent circonflexe.

- Entre, Marcel, et ferme la porte... doucement si possible, dit Paria. Mon neveu Marcel, annonça-t-elle, s'adressant à l'inspecteur. Immobile sur seuil, le jeune homme fit mine de repartir. Sa nièce alla vivement vers lui et lui saisit le bras.

Monsieur Anicet est inspecteur de la police criminelle, Marcel ; il est venu nous interroger pour essayer d'éclaircir la ... mais qu'est-ce que tu as ? Qu'est-ce que ... que cette figure à l'envers ?

Marcel était visiblement hors de lui, les mains agités d'un tremblement, de sang au visage, incapable de parler. Paria ferma la porte et entraina doucement son neveu jusqu'à la véranda. L'inspecteur enfoui dans un confortable fauteuil attendant avec flegme la suite des événements :

- Parle Marcel, je t'en prie. Que se passe-t-il ? parle.
- Ça devait arriver, articula Marcel d'une voix étranglée de colère, il l'a voulu... j'étais dans l'atelier quand il m'a attaqué et je l'ai cogné à un étau et il avait le sang partout et j'ai pris la fuite jusqu'ici. Paria blêmit et d'une voix méconnaissable, balbutia :
- Marcel ! tu ne l'as pas tué...
- Je lui ai seulement cassé la figure, son immonde figure !
- Anicet se leva sans hâte
- Où est-il ? demanda-t-il.
- Au fonds de l'atelier, répondit Marcel redevenu maitre de lui.
- Paria s'élança dans l'allée menant à l'atelier, suivie à distance par l'inspecteur. Elle courait comme le vent et lorsque Anicet le rejoignit, elle était

agenouillée près de Dumas, étendu sur le dos, un autre jeune homme cabriolait à quelques pas d'eux en criant d'une voix suraigüe ;

- Il l'a tué, je l'ai vu ! il l'a tué, je l'ai vu ! je l'ai vu !

Paria donc leva sur Anicet son visage décomposé par l'angoisse.

- Relevez-vous, Miss Paria, dit l'inspecteur, et tranquillisez-vous. Ce bonhomme-là n'est pas mort, vos voyez bien qu'il respire, il est knock-out, c'est tout.
- Il l'a tué, je l'ai vu ! continua à brouiller le jeune apprenti. De l'autre côté de la parcelle voisine, un homme accourait. Vas-tu te taire, Jean Marie, cria-t-il d'une voix furieuse. Qu'est- ce qu'il y a encore ?
- Rentrez à la maison, Miss Paria, ordonna l'inspecteur d'un ton impératif, cette fois, je m'occupe de Mr. Dumas.

Paria s'éloigna sans mot dire.

- Encore du vilain, gronda l'homme à la casquette. Il a voulu descendre mon cousin, hein ? C'est temps qu'on le boucle, il a fait assez de gâchis comme ça.
- Qui êtes-vous ? demanda sèchement Anicet. Rapha, je suppose ? vous feriez mieux de m'aider à transporter cet homme à l'hôpital.
- Et vous, qui c'est que vous êtes si on peut le savoir ? réplique Rapha, hargneux.
- Inspecteur Anicet, de la police criminelle ; j'ai l'intention de vous interroger, vous, votre femme et Marcel un peu plus tard.
- Qu'est-ce que vous croyez donc qu'on sait ? rien de rien et pas plus.
- Nous verrons ça, Quant à ce monsieur, ça m'étonnerait qu'une fois remis à la verticale, il n'arrive pas à y rester vaille que vaille. Vous y êtes ; Rapha ? OH ! ça va comme cela.

Dumas, à moitié inconscient, le visage couvert de sang, l'œil sanguinolent et les jambes fléchissant sont, moitié trainées, moitié portées par les deux bienfaiteurs. A l'hôpital, Dumas reprit connaissance et explique.

Je l'avais rejoint dans l'atelier pour lui parler, il a bondi sur moi avec des yeux de fou, il a fait un saut et nous nous sommes battus, un coup de poing en pleine figure m'a projeté vers un trou limeur, j'ai perdu connaissance et…

Dumas s'interrompit tout net.

- Et vous, en fait ? jeta-t-il d'un ton agressif, qui êtes-vous ? Qu'est-ce que vous faites ici ?
- Inspecteur, répondit Anicet, laconique. Gardez votre récit pour plus tard, monsieur Dumas ; vous les parents de Dumas remerciez l'inspecteur :
- Ne vous souciez plus de vous. Nous aiderons notre fils et nous veillerons sur lui. La main sur le bouton de la porte, Anicet hésita :
- Que voulez-vous dire par : « Tu connais le tempérament de Marcel »
- Que Marcel est un dément, il n'Ya qu'à lire les élucubrations qu'il écrit. Il appelle les insanités des poèmes : ils montent des films pornographiques, il devrait être interné depuis longtemps.

L'inspecteur retourna voir Paria et remonta avec Marcel.

- Voir rouge ne mène jamais à rien de bon. J'admets que la provocation puisse être un motif, sinon une justification. Alors, mon garçon, jeta l'inspecteur attirant une chose entre les deux.
- Racontez-moi comment les choses se sont passées. Le visage fermé de Marcel s'éclaira d'un soupçon de sourire.
- Je ne demande que ça, répondit-il. J'avance avoir fait l'idiot, mais ça m'a fait du bien de cogner. Dumas avait besoin de correction, il l'a reçue.

- Cela se peut, mais rappelez-vous qui je suis et que vous venez de commettre une agression caractérisée. Alors, soyez sérieux. Pourquoi avez-vous cassé la gueule ou la figure à votre ami ?

Paria s'interposa avait que Marcel n'avait ouvert la bouche.

- Permettez-moi un mot, monsieur Anicet. Il y a des choses que vous devais savoir tout de suite.

Dumas est un irrésistible séducteur, alors qu'il n'est qu'un polichinelle faisandé. Un jour, je l'ai giflé, chose plus grave, je l'ai surpris en train de fouiller dans le sac de ma mère. Je lui ai dit que s'il remettait les pieds chez nous, je porterais plainte pour violation ou vol avec effraction, peu importe comment vous appelez cela dans le milieu ou jargon de la police.

- Tout cela est fort bien, je veux dire fort mal
- Mais n'entraine pas le droit de le démolir fit remarquer l'inspecteur impassible. A votre tour, Marcel, racontez-moi très exactement la scène de l'atelier.

- Et bien ! je vous l'ai déjà dit. J'attaquai cet idiot car il est un impoli.
- Rapportez-moi exactement se paroles, voulez-vous ?
- « Je ne tolérais pas les insolences ; je sais à quoi m'en tenir sur vous deux et la mort de la mère d'Alex. Du beau travail, vous n'avez vraiment pas perdu de temps si vous espérez vous en tirer comme ça, c'est une erreur, il y a des juges partout, à Kinshasa, et, etc. »
- Et qu'avez-vous répondu ?
- Rien. J'ai vu rouge, je me suis rué sur lui à coup de poing. En moins de deux, il était knock-out, aplati comme une guenille qu'il est. Je n'ai jamais vu personne aller au tapis si vite ! et voilà.
- L'avez-vous menacé de mort ?

- Jamais de la vie ! je l'avais simplement projeté contre l'étau sans intention de le tuer. A vrai dire ; l'inspecteur s'attendait à cette réponse. Il avait remarqué que c'était le choc qui l'avait mis dans cet état.

- La version de votre ami et la vôtre ne concordent pas, se contenta-t-il de dire, et comme il n'y avait pas de témoin de votre querelle, en dehors de cette personne que vous qualifiez de dément. Si Dumas porte plainte, il est de mon devoir de vous remettre aux soins de la police.

- Vous arrêterez Marcel ? sous quelle inculpation ? Balbutia Paria, consternée.

- Agression et voies de fait sans motif de légitime défense. Diable ! c'est la correctionnelle, jeune homme, c'est du pénal, y avez-vous pensé ?

- Comment, sans légitime défense ! vous en aurez de saumâtres : voilà un type qu'on accuse de meurtre, et vous voulez que je garde les mains de mes poches, comme si un homme n'a pas le droit de cogner pour ça, quand l'aima-t-il, je me le demande : cria Marcel rouge d'indignation.

Anicet crut apporter de faire diversion sans relancer la riposte :

- Savez-vous pour quelle raison votre ami s'est permis d'entrer chez vous et de fouiller dans le sac de votre nièce et existe-t-il un autre témoignage que le vôtre, miss Paria, sur ce fait ?

- Je suis la seule à avoir surpris Dumas, répondit Paria, Quant à vous apprendre pourquoi il avait mon sac, je l'ignore.

Les enquêtes de l'inspecteur Anicet n'ayant rien donné de palpable et de conviction, le temps s'étoffait et Paria et Alex se donnaient maintenant à officialiser leurs fiançailles et préparer également leur mariage qui devait intervenir dans les deux mois. Le mariage d'un ami d'Alex de la faculté de médecine a beaucoup inspiré le futur couple. L'événement eut lieu en Décembre précédent le leur de deux mois.

« Le mariage, avait dit le pasteur, ressemble à une greffe de deux plantes qui forment un seul arbre.... L'amour est un choc de deux personnalités, l'une complétant l'autre. Joseph et Annie sont désormais embarqués dans une vie de partage, une vie à vivre à deux... le but ultime du mariage avait conclu le Pasteur, est de communier dans l'amour du Christ »

Joseph avait mis pour la circonstance son plus beau costume noir. Il était fier comme un dieu. Annie dans sa robe de mariée que soulevaient deux charmantes petites filles, était d'une beauté à craquer. C'était une ambiance de tonnerre. Tout le monde était occupé à manger et à boire.

III. L'héritage de Paria : Judaïsme, Christianisme, Islam, Migrations ou Terrorisme !

La vie de Paria Dosse comme l'explique bien son nom est à la fois énigmatique et problématique. Cette fille est confrontée à des difficultés de tous bords pour arriver à finaliser et à réaliser ses vœux. Des obstacles de tous genres se dressent les-vous après les autres sur son chemin que nous espérons, aboutir à quelque chose.

Pendant que les autres sont en train de s'amuser, se trémoussant sur la piste pour festoyer cet événement et non le moindre, Paria nage dans les nuages, elle a une vision de ce que sera son jour « J », mais son esprit est hanté par plusieurs événements ou problèmes dont elle se réclame seule détenant la solution. Ce couple qui est sur le podium de la lune, est le plus heureux du monde, car les deux appartiennent à une même religion, le christianisme. Du côté d'Alex, ils sont musulmans donc prônant l'Islam. Paria est chrétienne ainsi que ses parents. Le dernier problème et le plus crucial, c'est de faire sauter le verrou de leurs statuts sérologiques. Paria connait bien que depuis son enfance, elle mène une vie fragile et qui nécessite une attention particulière de la part et de ses parents et de son futur époux. Etre drépanocytaire déclaré « SS » n'est plus chose facile. Sera-t-elle acceptée dans la famille d'Alex confrontée à des préjugés d'ordre religieux et traditionnel ?

Elle s'élance dans des recherches afin de comprendre les tenants et les aboutissants de ces religions ainsi que de son état sérologique.

Le judaïsme, le christianisme et l'islam sont trois religions issues d'un seul ancêtre connu qui est « Abram (Père exalté) qui sera renommé plus tard Abraham (Père de la multitude).

Ce personnage illustre et mystérieux à la fois est tant un symbole autour duquel gravitent ces trois religions, se réclamant toutes d'Abraham. L'islam accorde une place prépondérante à ce personnage historique et spirituel en lui consacrant plus de deux cent quarante-cinq versets et il est cité soixante- neuf fois.

Quant à la Bible, l'histoire de la genèse de ces trois religions émanant d'Abraham se trouve détaillée dans Genèse 16,17et21 nous citons :

Sara, femme d'Abraham, ne lui avait point donné d'enfants. Elle avait une servante égyptienne, nommée Agar. Et Saraï dit à Abram : voici, l'Eternel m'a rendue stérile ; viens, je te prie, va vers ma servante ; peut-être aurai-je par elle des enfants. Abraham écouta la voix de Saraï.

Alors Saraï, femme d'Abram, pris Agar, l'Egyptienne, sa servante, et la donna pour femme à Abram, son mari, après qu'Abram eut habité dix années dans le pays de Canaan. Il alla vers Agar, et elle devint enceinte. Quand elle se vit enceinte, elle regarda sa maitresse avec mépris. Et Saraï dit à Abraham : L'outrage qui m'est fait retombe sur toi. J'ai mis ma servante dans ton sein ; et ; quand elle a vu qu'elle était enceinte, elle m'a regardée avec mépris. Que l'Eternel soit juge entre moi et toi ! Abram répondit à Saraï : voici, ta servante est en ton pouvoir, agis à son égard comme tu le trouveras bon. Alors Saraï la maltraita ; et Agar s'enfuit loin d'elle. L'ange de l'Eternel la trouva près d'une source d'eau dans le désert, près de la source qui est sur le chemin de Shūr. Il dit : Agar, servante de Sarai, d'où viens-tu, et ou vas-tu ? Elle répondit : je fus loin de Sarai, ma maitresse. L'ange de l'Eternel lui dit : Retourne vers la maitresse, et humilie-toi sous sa main. L'ange de l'Eternel lui : je multiplierai ta postérité, et elle sera si nombreuse qu'on ne pourra la compter.

L'ange de l'Eternel lui dit : voici, tu es enceinte, et tu enfanteras un fils, à qui tu donneras le nom de d'Ismaël, car l'Eternel t'a entendu dans ton affliction. Il sera comme un âne sauvage ; sa main sera contre tous, et la main de tous sera contre lui ; et il habitera en face de tous ses frères. Elle appela Atta-El-Roï le nom de l'Eternel qui lui avait parlé ; car elle dit : Ai-je rien vu ici, après qu'il m'a vue ? C'est pourquoi l'on a appelé ce puits le fruit de Lachai-roi ; il est entre Kadès et bared. Agar enfanta un fils à Abraham ; et Abram donna le nom d'Ismaël au fils qu'Agar lui enfanta. Abraham était âgé de quatre-vingt-six ans lorsqu'Agar enfanta Ismaël à Abram.

Lorsqu'Abram fut âgé de quatre-vingt-dix-neuf ans, l'Eternel apparut à Abram, et lui dit : je suis le Dieu Tout Puissant. Marche devant ma face, et sois intègre j'établirai mon alliance entre moi et toi, et je te multiplierai à l'infini. Abraham tomba sur sa face, et Dieu lui parla, en disant : voici mon alliance, que je fais avec toi. Tu deviendras père d'une multitude de nations. On ne t'appellera plus Abram ; mais ton nom sera Abraham, car je te rends père d'une multitude de nation. Je te rendrai fécond à l'infini, je ferai de toi des nations ; et des rois sortiront de toi. J'établirai mon alliance entre moi et toi, et tes descendants après toi, selon leurs générations : ce sera une alliance perpétuelle, en vertu de laquelle je serai ton Dieu et celui de ta postérité, après toi, je te donnerai, et à tes descendants après toi, le pays que tu habites comme étranger, tout le pays de Canaan, en possession perpétuelle, et je serai leur Dieu.

Dieu dit à Abraham : Toi, tu garderas mon alliance, toi et tes descendants après toi, selon leurs générations. C'est ici mon alliance, que vous garderez entre moi et vous, et ta postérité après toi : tout mâle parmi vous sera circoncis. Vous vous circoncirez ; et ce sera au signe d'alliance entre moi et vous, a l'âge de huit jours, tout mâle parmi vous sera circoncis, selon vos générations, qu'il soit né dans la maison, ou qu'il soit acquis à prix d'argent de tout fils d'étranger, sans appartenir à ta race. On devra circoncire celui qui est né dans la maison, ou celui qui est acquis à prix d'argent, et mon alliance sera dans votre chaire une alliance perpétuelle.

Un male incirconcis qui n'aura pas été circoncis dans sa chair, sera exterminé du milieu de son peuple, il aura violé mon alliance

Dieu dit à son peuple à Abraham ; tu ne donneras plus à Saraï, ta femme ; le Nom de Saraï mais son nom sera Sara, je la bénirai et je te donnerai un fils, je la bénirai et elle deviendra des nations, des rois de peuple sortiront d'elle.

Abraham tomba sur sa face il rit et dit en son cœur : naitrait-il un fils à un homme de cent ans ; et Sara âgée de quatre-vingt-dix ans enfanterait-elle ; et Abraham dit Dieu certainement Sara, ta femme t'enfantera un fils et tu l'appelleras du nom d'ISAAC j'établirai mon alliance avec toi comme une alliance perpétuelle pour sa postérité après lui.

A l'égard d'ISMAEL j'ai exaucé, voici le bénirai ; je le rendrai fécond et je le multiplierai à l'infini, il engendrera douze princes et je ferai de lui une grande nation, j'établirai mon alliance avec Isaac, que Sara t'enfantera à cette époque de l'année prochaine. Lorsqu'il eut achevé de lui parler, Dieu s'éleva au-dessus d'Abraham.

Abraham prit Ismaël, son fils, tous ceux qui étaient nés dans sa maison et tous ceux qu'il avait acquis à prix d'argent tous les mâles parmi les gens de la maison d'Abraham et avait donné et le circoncit ce même jour selon l'ordre que Dieu lui avait donné.

Abraham fut circoncis ainsi qu'Ismaël son fils et tous les gens de sa maison, nés dans sa maison ou acquis à prix d'argent des étrangers ; furent circoncis avec lui

L'Eternel se souvint de ce qu'il avait dit à Sara et l'Eternel accomplit pour Sara ce qu'il avait promis Sara devint enceinte et elle enfanta un fils à Abraham dans sa vieillesse au temps fixé dont Dieu lui avait parlé et Abraham donne le nom d'ISAAC au fils qui lui était né que Sara lui avait enfanté.

Abraham circoncis son fils ISAAC âgé de huit jours, comme Dieu le lui avait ordonné Abraham était âgé de cent ans ; à la naissance d'ISAAC son fils et Sara dit Dieu m'a fait sujet de rire, quiconque l'apprendra rira de moi, elle ajouta : qui aurait dit à Abraham Sara allaitera des enfants, cependant je lui ai enfanté un fils dans sa vieillesse.

L'enfant grandit et Abraham fit un grand festin le jour ou ISAAC fut sevré, Sara vit rire le fils qu'Agar, l'Egyptienne avait enfanté à Abraham et elle dit à Abraham chasse cette servante et son fils, car le fils de cette servante n'héritera pas avec mon fils, avec ISAAC. Cette parole déplut fort aux yeux d'Abraham à cause de son fils, mais Dieu dit à Abraham, que cela ne déplaise pas à tes yeux, à cause de l'enfant et de ta servante. Accorde à Sara tout ce qu'elle te demandera car c'est d'Isaac que te sortira ta postérité qui te sera propre ; je ferai ainsi une nation avec le fils de ta servante car il est ta postérité.

Abraham se leva de bon matin il prit du pain et une outre d'eau, qu'il donna à Agar et plaça sur son épaule, il lui remit aussi l'enfant et la renvoya.

Elle s'en alla et s'égara dans le désert de Beer-Scheba.

Quand l'eau de l'outre fut épuisée, elle laissa l'enfant sous un des arbrisseaux, et alla s'asseoir vis-à-vis, à une portée d'arc ; car elle disait : Que je ne voie pas mourir mon enfant ! Elle s'assit donc vis-à-vis de lui, éleva la voix et pleura. Dieu entendit la voix de l'enfant : et l'ange de Dieu appela du ciel Agar, et lui dit : Qu'as-tu, Agar ? Ne crains point, car Dieu a entendu la voix de l'enfant dans le lieu où il est. Lève-toi, prends l'enfant, saisis-le de ta main ; car je ferai de lui une grande nation. Et Dieu lui ouvrit les yeux, et elle vit un puits d'eau ; elle alla remplir d'eau l'outre, et donna à boire à l'enfant. Dieu fut avec l'enfant, qui grandit, habita dans le désert, et devin tireur d'arc. Il habita dans le désert de Paran, et sa mère lui prit une ferme du pays d'Egypte.

Quand nous pénétrons les deux livres sacrés en profondeur, nous nous rendons compte que les divergences existant entre ces religions viennent du fait de leur incompréhension et de discrimination. Chacun voulant vanter et exclue l'autre. Si vous lisez attentivement le coran, troisième partie, sourate 3 versets 67 et 68, vous vous rendez compte que il est écrit : Abraham n'était ni juif ni chrétien. Il était entièrement soumis à Allah(Musulman). Et il n'était point du nombre des Associates.

Certes les hommes les plus dignes de se réclama d'Abraham, sont ceux qui l'ont suivi, ainsi que ce prophète-ci, et ceux qui ont la foi. Et Allah est l'allié des croyants. Et 84 et 85 dit : « Nous croyons en Allah, à ce qu'on a fait descende sur nous, à ce qu'on a fait descende sur Abraham, Ismaël, Isaac, Jacob et les tribus, et à ce qui a été apporté à Moïse, à Jésus et aux prophètes, de la part de leur seigneur : nous ne faisons aucune différence entre eux ; et c'est à lui que nous sommes soumis ».

Et quiconque désire une religion autre que l'islam, ne sera point agrée, et il sera, dans l'au-delà, parmi les perdants. En 93 : toute nourriture était licite aux enfants d'Ismaël, sauf celle qu'Ismaël lui-même s'interdit avant que ne descendit la Thora. Dis-le : « Apportez la Thora et lisez-la, si ce que vous dites est vrai ! » 95 dit : « Allah a dit la vérité suivez donc la religion d'Abraham, Musulman droit. Et il n'était point des Associates ».

Pour le chrétien, parler de la religion du patriarche, c'est faire la symbiose du judaïsme et de l'Islam et associer d'une façon œcuménique les trois tendances.

Mais le coran crie aux déformations apportées par Esdras par la Thora, Paul par l'Evangile. Paria Dosse a passé en revue toutes les considérations et a vu que pour que leur mariage avec Alex puisse être possible, il lui faut se soumettre à toutes ces conditions énumérées dans la loi ou ce que l'Islam dit à propos du mariage. La décision doit consister à devenir musulmane non par conviction, mais par intérêt. Elle se doit de se faire violence afin d'atteindre son objectif, celui d'arriver enfin à se marier avec l'homme de son rêve, le docteur Alex.

Sa décision que Paria venait de prendre, comportait une série de principes et des enseignements qu'elle devait parfaire pour être courageuse et se plier aux exigences de cette nouvelle religion qui lui était jusque-là inconnue et mystérieuse. Elle devait s'intégrer correctement tout en mettant l'intérêt à son projet et non à ses convictions.

La surprise de Paria Dosse fut très grande lors de son première leçon dans un centre coranique. Elle a été impressionnée par les enseignements au centre qui étaient les principes de maraboutage ou d'un extrémiste en lieu et place d'un Al-Imâne qui signifie littéralement : connaissance, croyance et conviction ferme. Al-Imâne est à la base de l'Islam. Il consiste à croire, à la fois, en Allah, en ses anges, en ses livres révélés, en ses Messages, au jour dernier et enfin en la prédestination favorable ou défavorable.

- Présentez-vous à tour de rôle s'il vous plait enchaina un barbu à la moustache broussailleuse et mal soignée qui venait accueillir les nouveaux venus. La salutation historique et sacrée des musulmans et des vrais, n'était pas à l'ordre du jour. Paria Dosse avait déjà eu quelques notions de la vraie religion musulmane de la part de son fiancé. Elle était souvent avec lui dans certains milieux mais pas dans un culte au centre dont elle découvrait pour la première fois, les contours d'une escroquerie au sein de la communauté musulmane qui prône le contraire de ce qu'elle a vécu là-bas, chez ce charlatan et vendeur d'illusions.

- Mon nom est Paria Dosse, renchérit-elle.
- Très bien, mais tu n'es pas issue d'une famille musulmane, je présume
- Eh bien, oui.
- C'est trop dangereux de t' hasarder à venir ici en espionne pour le compte des maudits ou les injustes.

Tu ferais mieux d'aller ailleurs que de venir ici nous troubler pour le compte dont je ne sais qui.

- Non, maître, je suis sincère avec moi et avec Allah et je crois pouvoir observer tout ce que vous allez me recommander comme principes et enseignements. Je promets d'observer scrupuleusement toutes les règles et lois pouvant m'aider à devenir une vraie musulmane.
- Bien, et nous allons passer à la première leçon, la plus importante de toute. Celle-ci, c'est le socle ou la fondation de notre religion. Tu dois connaître d'abord l'histoire de notre religion et ses principes de base avant d'envisager la suite.

L'Islam est une des religions monothéistes issues d'Abraham. C'est en Arabie Saoudite que le prophète Muhammad dit Mahomet en français commença le prêche de cette nouvelle religion. Ce prophète de l'Islam est né à la Mecque vers l'an 571 de notre être. Il dût fuir en 622 de la Mecque à Médine et cette fuite est appelée « Hégire ».

Mahomet prône un Dieu unique et masculin opposé aux autres dieux ou déesses. Il refuse la trinité des chrétiens et dit que le Coran est une réponse aux livres, car la Bible et les autres livres comportent des erreurs. Seul le Coran est seule Révélation divine et la seule authentique. Le Coran est un code révélé, qui définit la règle et s'applique aux croyants (charia) et se compose de 114 sourates divisées en 6236 versets. Les obligations légales des musulmans s'enracinent d'ailleurs dans les droits proche-orientaux, qui parlent et affirment la polygamie, l'interdiction du prêt avec intérêt, l'amputation de la main des voleurs, la peine de fouet pour les adultères.

Pour le musulman, l'Islam n'est pas une religion pour d'autres, mais le seul moyen d'accéder à Dieu. Il est la religion, les autres religions ou confessions ne recèlent une part de vérité que dans l'exacte mesure où elles rejoignent la foi prônée par le Coran.

Un musulman doit observer les cinq obligations religieuses :

1. Profession de foi. (chahada) : j'atteste qu'il n'y a de Dieu qu'Allah et que Mahomet est son prophète. Cette formule, répétée trois fois en public, suffit à marquer l'adhésion à l'Umma, la communauté des croyants.
2. Prières (salat) : au nombre de cinq, elles doivent être récitées quotidiennement. Elles sont précédées d'ablutions qui permettent au croyant d'accéder à un état de pureté rituelle.
3. Jeûne (siyam) : il dure durant tout le mois de ramadan (neuvième mois de l'année lunaire) et doit être absolu (ni nourriture, ni boisson, ni relation sexuelles) du lever du soleil jusqu'à son coucher.
4. Aumône, impôt purificateur (zakat) : c'est un droit qu'on les pauvres sur les riches, dont les biens appartiennent à Dieu seul. En arabe zakat signifie « accroissement » et par extension « purification de la richesse »
5. Pèlerinage à Mecque (hajj) : tout croyant doit l'accomplir s'il en a les moyens. Ce pèlerinage reprend le dernier pèlerinage de Mahomet en mars 632. Le croyant à l'instar de son prophète fait ses ablutions, revêt l'Ihram, étoffe blanche sans coutures symbolisant l'égalité des musulmans devant Dieu, tourne sept fois autour de la Kaaba en récitant des prières de repentir court sept fois entre les collines de Safra et de Marwa pour commémorer la fuite éperdue d'Agar et les pleurs d'Ismaël, chassés tous deux à la demande de Sarah, l'épouse légitime d'Abraham, lance sept cailloux pour lapider Satan, pousse sept fois la formule sacrée « Allah Akbar » Dieu est le plus grand et Boit de l'eau de Zemzem, source de vie. L'Islam dans son ensemble n'a pas vraiment des clergés. Si la religion possède des chefs de prière (Imâns), elle n'a pas des prêtres, ni de hiérarchie comparable à celui de Catholiques, Chrétiens, ou autres. Le concept qui divise ou qui fait couler beaucoup d'eau et d'encre, c'est le djihad, qui reçoit diverses interprétations.

Le monde intellectuel est partagé à ce sujet. On estime que l'Islam compte quatre types de djihad (de l'arabe jihad, lutte) : par le cœur, par la langue, par la main et par l'épée.

Un hadith entre l'effort sur soi-même pour atteindre un perfectionnement moral et religieux et une action armée pour défendre et étendre l'Islam, ne fait pas l'unanimité des rationalistes. Des hadiths sont un ensemble des paroles et des actes attribués au prophète, dont il existe des versions propres à chaque courant de l'Islam.

L'Islam avec plus d'un milliard de pratiquants est la deuxième religion la plus populaire au monde derrière le christianisme.

- Seriez-vous Mademoiselle, à mesure de porter une guerre sainte à vos parents ou amis païens et apostats qui sont déjà condamnés par notre loi ?
- Maître, répond Paria, étonnée ! si je comprends bien…
- Il n'y a rien à comprendre et il ne vous est pas permis de parler étant une femme, vous feriez mieux de vous adresser aux parents à la maison. Ici, c'est l'enseignement et rien de plus. Il n'y a pas de place pour les discutions dans notre société.

.l'héritage d'Abraham inclut outres les richesses dues aux nombreuses conquêtes réalisées au cours de l'histoire biblique, un certain nombre des faits caractéristiques à ce personnage paradoxal surtout sur le plan de la conduite des enfants de Dieu et sur des décisions ayant conduit ses descendants à opter pour telle ou telle destinée.

Abram avait plusieurs caractéristiques liés à sa personne et à son Dieu qu'il vénérait.

-l'obéissance sans condition à une divinité monothéiste,
-l'esprit de migrations au détriment du sédentarisme,
-la foi dans les promesses de bénédiction,

-un complexe de supériorité sur toutes les civilisations ,par un esprit de grandeur, d'entreprenariat producteur,

-un caractère invincible et sacré de la nation comparativement aux autres considérées comme ennemies,

-un caractère organisationnel et communautariste basé sur l'appartenance à un Dieu qui s'est choisi un peuple à part contre tous les autres tribus de la terre, débouchant sur un nationalisme extrémiste,

-un esprit de conquête et de guerres saintes.

Pourquoi la bible comme référence première pour notre étude par rapport aux autres livres sacrés ou écrits dit saints ou inspirés .simplement parce que de tous les livres sacrés anciens ou actuels ,il se dégage qu'il présente maintes preuves d'une infaillibilité remarquable. D'autres documents tel que le coran ne fournissent pas comme le fait la bible, des preuves palpables de leur authenticité sur le plan de l'accomplissement des promesses.

Nous référant aux langues anciennes utilisées dans l'écriture de ces livres sacrés ou inspirés, la bible bat le record avec l'hébreux et l'araméen et les langues sémiques comme l'arabe, l'assyrien ,le phénicien et le syriaque leur sont apparentées.

Les auteurs païens et plusieurs découvertes archéologiques modernes semblent attacher beaucoup de recherches et d'attention à ce livre le plus coté dans le monde.

Le génie de la langue grecque imposa sa place au nouveau testament, mais la langue hébraïque fut déterminante dans l'expression de l'Ancien Testament.si le grec exprime avec précision la notion du temps, l'Ancien Testament exige une connaissance approfondie des particularités du verbe hébreu et de la syntaxe hébraïque et des déformations dues à la mauvaise compréhension de la langue.

Nous ne voulons pas entrer ici dans une démonstration approfondie pour donner des preuves de l'inspiration unique de la bible, nous laissons cela aux chercheurs et auteurs des œuvres apologétiques. Mais ,dans le cadre de l'étude de ces trois religions, nous prenons l'option d'accepter que la bible présente un minimum de confiance pour analyser le personnage central de notre étude qu'est Abraham.

Nous voulons éviter les tensions entre le judaïsme, le christianisme, l'islam, l'hindouisme et même le bouddhisme afin de nous permettre un consensus autour de la personne à l'étude présentement.

Les musulmans séparent l'islam du judaïsme et du christianisme en disant que Ibrahim n'était ni juif, ni chrétien ,mais un vrai croyant et musulman et il n'était pas au nombre des polythéistes(coran,III,67).alors que le Nouveau Testament s'inscrit dans la suite logique du judaïsme et n'élabore pas des récits sur les patriarches mais s'y réfère.

Le coran réinterprète le récit biblique, considérant que les chrétiens et les juifs ont perverti le contenu authentique des révélations faites aux prophètes précédant Mahomet et l'islam se présente comme la dernière et la première des religions. L'islam dit que Ibrahim a reçu l'ordre divin de construire une maison pour adorer Allah et cette maison sera la Ka'ba à la Mecque. Ibrahim et son fils premier-né ,Ismaël ,inaugurent un pèlerinage à cet endroit, premier lieu saint de l'islam.

Terrorisme et migrations

Le terrorisme qui est un acte de violence, attentats ,prises d'otages ,commis par une organisation pour créer un climat d'insécurité, exercer un chantage sur un gouvernement ou satisfaire une haine à l'égard d'une communauté, d'un pays ou d'un système a des liens d'interprétation des passages des écritures de ces trois religions. l'héritage d'Abraham n'est pas à la base des migrations clandestines, du terrorisme, des conquêtes, des guerres ,mais des motifs infondés attribués à certains passages contenus dans les livres dits sacrés.

Ces religions ,à part le christianisme regorgent en leur sein des germes de terrorisme et des migrations légendaires, mais leur quête fondamental, c'est la justice juste .

*Pour ce concerne le Judaïsme, Exode 15 :3 ; Exode 21 :23-25 ; Lévitique 24 :19-20 ; Deutéronome 19 :21 dit :

(l'Eternel est un vaillant guerrier ;l'Eternel est son nom.si on réfléchit à cette loi telle qu'elle est exprimée avant son aménagement dans le Talmud, on réalise combien elle est porteuse d'un cycle de violence, mais fondamentalement parlant, c'était pour faire régner la justice.

Le rôle du droit dit-on ,c'est de réguler nos sociétés même en usant de la force, mais la force de la loi. C'est pourquoi, nous assistons à des servitudes pénales, à des peines capitales, des pendaisons au nom de la justice juste.

*le christianisme

Au cours de l'histoire biblique, il y a eu des guerres de religions, des croisades ,surtout avec l'Eglise catholique et les protestants.

Contrairement au Judaïsme qui n'a jamais vraiment été en position d'exercer un pouvoir temporel et donc de produire de la violence sociale et politique(à l'exception notable d'Israël depuis 1948),le Christianisme est une religion inoffensive qui ignore souvent les réalités brutales du monde et les souffrances des humains.

Le christianisme prône un Dieu d'amour et de pardon qu'on doit montrer à travers son prochain pour mériter le ciel.

La sainte cène qui symbolise l'union, la communion et le pardon étant la source du salut par la repentance sincère.

La foi doit être exercer même dans des circonstances les plus difficiles.

La doctrine fondamentale du christianisme se fonde sur les paroles salvatrices du Christ :
(ne croyez pas que je suis venu pour abolir la loi ou les prophètes(le Judaïsme),mais je suis venu pour l'accomplir. car, je vous le dis en vérité, tant que le ciel et la terre ne passeront point, il ne disparaitra pas de la loi, un seul iota ou un seul trait de lettre, jusqu'à ce que tout soit arrivé. car, je vous le dis, si votre justice ne surpasse celle des Scribes et des Pharisiens, vous n'entrerez point dans le royaume des cieux. Vous avez entendu qu'il a été dit aux anciens(judaïsme),(tu ne tueras point, celui qui tueras mérite d'être puni par les juges, mais moi ,je vous dit que quiconque se met en colère contre son frère, mérite d'être puni par les juges et que celui qui dira à son frère :raca !mérite d'être puni par le Sanhédrin ; et que celui qui lui dira :insensé !mérite d'être puni par le feu de la géhenne.si donc, tu présentes ton offrande à l'autel et que là, tu te souviennes que ton frère a quelque chose contre toi, laisse-là ton offrande devant l'autel et va d'abord te réconcilier avec ton frère,puis,viens présenter ton offrande. Accorde-toi promptement avec ton adversaire pendant que tu es en chemin avec lui, de peur qu'il ne te livre au juge, ure le juge ne te livre à l'officier de justice et que tu ne sois mis en prison.je te le dis en vérité, tu ne sortiras pas de là, que tu n'aies payer le dernier quadrant. Vous avez appris qu'il a été dit :tu ne commettras point d'adultère, mais moi ,je vous dit que quiconque regarde une femme pour la convoiter a déjà commis un adultère avec elle dans son cœur.(Matthieu 5 :21-48)

*l'Islam

L'Islam ou religion du combat dans les voies de Dieu.

« les moins sacrés expirés, tuez les idolâtres partout où vous les trouverez, faites-les prisonniers, assiégez-les et guettez-les dans toute embuscade ;mais s'ils se convertssent,s'ils observent la prière,s'ils font l'aumone,alors laissez-les tranquilles, car Dieu est indulgent et miséricordieux.» Coran, I:5

Comme l'islam est, dans l'esprit occidental, fortement lié à l'arabité, le glissement de ce qui est arabe à ce qui est musulman, de ce qui est musulman à ce qui est arabe, à ce qui est intégriste, terroriste ou djihadiste ,est assez fréquent. Un tel amalgame produit une simplification grave de la question du rapport entre l'islam et la violence.

« combattez au service de Dieu ceux qui vous combattent !n'enfreignez pas les justes lois de la guerre :Dieu n'aime point les fauteurs d'iniquités. Tuez-les partout où vos armes pourront les atteindre :chassez-les de là où ils sont chassés.la sédition est pire que le meurtre » Sourate II :190-191

Ces versets montrent bien le cadre et les limites du djihad :le combat est permis si la foi en l'islam est considérée comme en danger et dans certaines limites de non-agression et de justice.

Dans Sourate LXVII : 35 « n'appelez point à la paix alors que vous avez la supériorité. »L'islam apparait donc finalement comme une religion de combat. Combat intérieur certes, que doit mener le croyant en vue du jour du jugement dernier, mais aussi combat extérieur dans la mesure où le texte coranique martèle sans cesse les oppositions :l'islam dans son sens premier est la seule « vraie » religion(Sourate LXI :5),la seule vraie guidance « sourate III :73 » il est le parti de Dieu qui aura la victoire contre les infidèles, qui sont eux le parti du démon et seront perdants.

Mais les biographes de Mahomet lui reconnaissent quinze qualités, dont cinq d'entre elles sont :la justice, la clémence, la générosité, la magnanimité et la miséricorde. Ces cinq démontrent bien qu'il était plus prompt au pardon qu'au châtiment.

On y ajoute le savoir-vivre ;la noblesse de caractère, le courage, la patience, le détachement, la pudeur, la sociabilité, la dévotion,l'humilité,la plaisanterie juste et la fidélité pour les autres.

Le port du voile fait aussi couler beaucoup d'encre et de salive. Dans sourate XXXIII :59,il ne s'agit pas là d'un nouvel élément vestimentaire, mais d'une protection, éventuellement d'une injonction à la pudeur, à laquelle devraient s'astreindre les femmes, sauf en présence de proches dont le coran dresse la liste et auxquels elles peuvent montrer leurs atours. Sourate XXIV :31 ,le but est initialement de réguler les risques d'agressions, mais en aucun cas d'imposer un vêtement particulier.

Le voile est une vieille coutume orientale même dans le judaïsme et le christianisme, bien plus ancienne que l'islam.

*les trois religions considèrent l'homosexualité comme un péché en particulier la sodomie.(Lévitique 18 :22) ,dans la Torah, elle est en conséquence formellement proscrite et est passible de la peine de mort par lapidation. Certaines synagogues progressistes vont jusqu'à pratiquer des bénédictions pour les couples de même sexe.

Les rabbins orthodoxes condamnent donc les homosexualités masculines et féminines.

Le christianisme se montre moins libéral que le judaïsme et considère toujours l'homosexualité comme un acte contre-nature et un péché.

L'Eglise catholique ne condamne pas les tendances homosexuelles ni même les personnes ,mais les actes, jugeant les choix de l'individu et la capacité dominer les tentatives de ce monde.

L'Islam condamne très fermement l'homosexualité puisqu'il est un péché contre l'ordre établi par Dieu. BN Khaldun recommandait la lapidation et aujourd'hui la récidive peut entrainer la peine de mort comme en Arabie Saoudite.

Dans le judaisme,le mariage hétéro suivi de la procréation est le premier des devoirs religieux.

De tout ce qui précède ,nous pouvons dire que le socle de l'appartenance des musulmans à Abraham est Ismael.il a été dit qu'il sera comme un âne sauvage, sa main sera contre tous et tous seront contre lui et ,il habiteras en face de tous ses frères. Elle appela Atta-El-Roi le nom de l'Eternel qui lui a parlé, car elle dit :ai-je rien vu ici, après qu'il m'a vue .(Genèse 16 :7-15 ;17 :10-11,20-21

Abraham est un trait d'union entre ces trois religions mais demeure également un point de discorde entre ces trois tendances qui s'opposent et s'entrechoquent souvent ,parce que tos ces descendants réclament la préséance de leur enseignement et l'exclusivité de détenir la vérité et les promesses d'abraham.si vous examinez de près l'enlèvement de Joseph en Egypte selon Genèse 37 :25-28 ;25 :2,vous comprendrez que ce sont les Ismaélites qui l'auraient acheté et les Madianites l'aurait pris ensuite. Cette dualité de noms indique simplement un fait bien connu des cotemporains,à savoir que les Madianites étaient une sous-tribu des Ismaélites. Dans Juges 8 :24,nous lisons ,à propos des rois de Madian,Zébach et Tsalmunna,et de leur escorte : « les ennemis avaient des anneaux d'or, car ils étaient Ismaélites »

Il est certain qu'à l'origine Madian descendait d'Abraham par Ketura (Genèse 25 :2),mais les tribus ismaélites et celles issues de Ketura semblent avoir mené des liens étroits au Nord de l'Arabie, à cause de leur descendance connue d'Abraham.

R .Brague dit dans « du Dieu des chrétiens et d'un ou deux autres »,que « la religion d'Israël est une histoire qui aboutit à un livre, le christianisme est une histoire racontée dans un livre et l'islam, un livre qui aboutit à une histoire. »

De graves évènements récents ont illustrés ce malentendu entre les religions d'Abraham, qui a provoqué malheureusement et bien inutilement la mort des milliers de personnes.

« Au Nigéria ,en octobre 1991,des affrontements entre musulmans et chrétiens ont eu lieu à Kano et avaient fait 2000 morts, ces troubles ont éclaté juste avant une grande campagne d'évangélisation organisée par l'évangéliste pentecôtiste Reinhard Bonnke.les musumans,qui représentent

92 pour cent de la population de cette ville de 550. 000 habitants, ont vécu cette campagne comme une provocation. » (IDEA, février 1992)

IV. L'EXORCISME & L'ESPOIR

Depuis sa conversion à l'Islam, Paria Dosse ressentit des attaques de crises séculaires qui l'ont toujours terrassée. Elle voulut faire semblant pour ne pas alerter la famille de son fiancé, quoique absent du pays, mais l'intensité des douleurs, malgré la prise quasi-quotidienne des antis inflammatoires et autres, n'ont pas calmé cette femme courageuse ayant luttée depuis son enfance jusqu'à l'université. Femme de douleurs, apparentée à ces genres d'épisodes, sa petite amie Jeanne de toujours, était à ses côtés pour essayer d'assouplir ou de compatir avec elle de ces séances pré-enfer qu'elle était entrain d'endurer. Pour ne pas se faire savoir qu'elle est drépanocytaire par la famille du Docteur Alex, Jeanne conseilla à son amie de recourir à un prophète chrétien pour essayer de guérir ma maladie que la médecine classique n'arrivait pas à faire jusque-là. Toutes ces manœuvres et tentatives, étaient faites dans le but simplement de garder l'objectif final, arriver à se marier avec Alex, malgré les suspicions et les oppositions qu'elle ne cessait de rencontrer de la part de la famille de son futur époux. Le choix fut porté sur un télé-pasteur de renommée internationale en la personne de Joël Hypno. Le rendez-vous était d'obtenir par sa petite amie Jeanne par téléphone un rendez-vous et l'homme Jovial et beau, avait accepté sans broncher et était disposé à les recevoir le samedi. Le jour « J », à l'instant où des filles, trois, Paria Dosse, Jeanne et une amie de l'Université pénétraient dans le vestibule dallé, une porte s'ouvrit et une garde ou protocole les accueillit.

➢ Ah ! vous venez pour le rendez-vous du prophète Joël Hypno ?

➢ Oui, nous sommes déjà en retard de dix minutes, veuillez nous excuser, c'est à cause des embouteillages qui sont légions dans la ville et nous croyons que cet incident mineur ne doit pas faire fâcher notre prophète

➢ Entrez s'il vous plait, renchérit la chargée de protocole, une charmante femme qui pouvait vivre dans le même jardin qu'Eve. Une femme CATHY, d'une trentaine d'années, elle faisait partie de la cour du prophète Joël. Elle faisait vraiment partie de la famille, de la garde rapprochée, elle adorait chanter, était extrêmement fière de tout ce qu'elle faisait et disait.

➢ Otez vos souliers, commanda-t-elle. Elle s'agenouillait devant le prophète qui était assis dans un beau fauteuil rouge vermeil.

➢ Allons, allons, les filles, toujours à genoux, qu'attendez-vous pour rentrer. Vous attendez peut –être que la saison sèche arrive pendant qu'il pleut dans la ville :

➢ Soyez détendues mes filles, reprit le prophète Joël Hypno, notre Dieu est le défenseur des faibles et des persécutés…mais qui donc est cette fille élégante au milieu ?

➢ Paria Dosse, reprit elle, mon prophète.

Le prophète Joël Hypno est un vieux maitre d'école chrétienne qui était persuadé par sa longue expérience dans l'exorcisme et même l'hypnotisme à se tisser une grande admiration dans les media et la télévision à travers le monde. Il s'est créé un nom et il aimait des fidèles et même des admirateurs qui se comptaient par milliers. Il s'est forgé une fortune incommensurable et même inégalé par des dons et des libéralités qu'il tirait de ses guérisons dites « divines » et des soi-disant « miracles » qu'il opérait de par le monde. Il n'était plus à présenter, tellement qu'il était populaire plus que Jésus-Christ et même plus que le Saint-Esprit lui-même.

C'est un homme qui pouvait faire disparaitre comme par coups de bâton magique tous nos défauts, nos maladies, nos maux et qu'il pouvait les remplacer de la même façon, par d'admirables qualités et une santé de fer. Loin d'être un véritable ermite, il remplissait les défauts d'être un grand séducteur et courait avec les femmes mariées à travers la planète. Quel paradoxe, des qualités et des défauts monstrueux faisaient cet homme, que les rationalistes ne pouvaient pénétrer, tellement qu'il est subtil et même prudent dans ses actions. Même les journalistes les plus professionnels n'ont pas pu dénicher ses supercheries ou ses tours de magie qu'on lui collait à la figure.

Toujours souriant et jovial, il était un don juan, au service de Dieu, mais profitait beaucoup de des naïvetés des esprits faibles pour les enchainer et les endoctriner. Personne ne savait, s'il était marié ou pas, tellement qu'il était toujours entouré de belles créatures que la nature n'ait jamais données. C'était loin d'être un ermite, tellement qu'il aimait les bains de foule, les publicités à la télévision et dans les journaux, les interviews et les cortèges en fanfare. Fortuné, orgueilleux et hautain, il se présentait toujours en homme comblé et soucieux d'aller vers les pauvres et les opprimés.

Paria Dosse avait attiré l'attention de cet homme de Dieu dès son entrée dans le bureau bien arrangé de ce personnage illustre et religieux. Elle avait de bornes manières, ses yeux étaient toujours aussi brillants. Nous nous rappelions l'époque où nous allions à l'Université ; la conversation tombait naturellement sur Paria. Ces choses-là étaient si étroitement liées.

Dans quelques semaines, elle allait se marier et pourrait vivre ensemble avec son fiancé, le Docteur Alex, à condition que son état sérologique ne soit découvert par sa belle-famille et que puissent cesser ces attaques et douleurs atroces qu'elle endurait ces derniers jours. Si cet homme, populaire et réputé d'avoir aidé des millions de personnes et d'avoir délivré plusieurs personnes des démons qui le rendaient malades, s'il pouvait l'aider, ça sera son ange gardien et le protecteur de son âme que n'attendait que cet instant pour combler son amour longtemps meurtri par des épreuves de plusieurs ordres et des déboires qui n'en disaient pas leurs noms.

Le prophète demanda à tout le monde de sortir et de le laisser seul avec Paria Dosse pour un entretien plus discret, car disait-il, il y avait certaines révélations que les autres filles et même le protocole ne pouvaient avoir droit de connaitre. Paria s'interrogea de se retrouver seule en face d'un homme qu'il connaissait à peine.

- Paria Dosse, coupa le silence le prophète Joël Hypno, ton problème nécessite une intervention urgente de la part de Dieu, car ta guérison dépend de ta décision et de ton attitude que tu vas prendre dès cet instant. Le Seigneur me montre que tu es issue d'une famille des parents qui s'aimaient tellement, mais qui ont été déçu par l'arrivée au sein de leur foyer des enfants malades qu'on a qualifiés à tort de drépanocytaires. Les différents décès enregistrés dans votre famille n'étaient pas comme on l'avait dit à des anémies, mais bien au contraires, à des mauvais sorts qu'on avait jetés sur la famille de votre père. Votre père également avait fait une alliance avec les esprits des eaux pour avoir une vie aisée. Au moment à je vous parle, il y a un esprit de nuit qui vous réclame et est décidé à faire capoter votre mariage avec le Docteur qui n'est pas présent au pays.
- Prophète, aidez-moi, je n'ai personne au monde pour me venir en aide. Si tu m'abandonnes, je suis fichue.

Je vais entonner une chanson et tu vas chanter après moi. Et il entonna :

Quand les difficultés fusent de la nuit et t'envahissent,

Quand bat ton cœur et ton Etre,

Pour toi, dans la nuit, Dieu et les anges t'observent,

Suis-le sans attendre,

Dans les épreuves et les tribulations

Saisis l'occasion.

Il connait, parmi les persécutions

La compassion.

En chantant avec conviction, Paria Dosse était emballée par le ton et la spiritualité de la chanson tellement qu'elle était très saisissante, qu'elle s'est retrouvée par terre entrain de gémir. En ouvrant les yeux, le prophète l'avait déjà serrée entre ses mains et elle se retrouvait en tenue d'Adam et ne parvenait pas à comprendre comment et quand la scène s'était déroulée. D'une voix calme, le prophète lui a soufflé à l'oreille de ne pas crier, car il entonnait déjà le dernier exercice d'exorcisme qui allait l'aider à se débarrasser du ce mari de nuit ».

Paria Dosse s'est évanouie et après quelques minutes, elle se sentit comme si elle venait d'un voyage dans les nuages et semblait voir également ses douleurs partir comme par bâton magique. Elle s'est rhabillée et d'un pas serin, elle se dirigea vers la porte de sortie quand le prophète, lui dira qu'elle était désormais guérie et qu'elle ne pouvait plus divulguer la procédure de sa délivrance et de sa guérison, de peur qu'il lui arrive quelque chose de pire.

Jeanne et Joyce attendait leur amie qui avait fait plus d'une heure de délivrance et qui apparaissait très fatiguée et perdue dans les nuages, car les images lui défilaient encore devant lui. Entre les mains du prophète, nue comme un ver et gémissante et ne comprenant rien. Le soulagement, c'était que toutes les douleurs qu'elle éprouvait étaient parties en fumée. Elle était devenue plus ravissante et en elle, était semée une sorte d'amour pour cet homme qui est devenu désormais comme son bienfaiteur et son ange.

➢ Paria, dit Jeanne d'un ton inquiet et plein de mélancolie, tu as fait longtemps avec ce prophète ? Qu'est-ce qui s'est passé au juste ?

➢ Je ne sais rien du tout, Jeanne, ce que je sais, ce que j'avais des douleurs atroces en venant ici et dès lors que j'ai sombré dans l'inconscience, je me sens très bien et sans problèmes. Vous direz, ce qui s'est passé réellement, je n'en sais rien. Mais ce prophète c'est vraiment, un vrai prophète, car ce que les rationalistes, des scientifiques n'ont pu faire, il a essayé et réussi en quelques minutes. C'est un homme formidable et un envoyé de Dieu.

Le reste de la journée s'est passée sans problème et les amies de Paria se sont séparées très tard sous le cou d'interrogations.

V. LE DESESPOIR

Chaque jour qui passait, Paria allait rencontrer ce prophète, désormais sans ses amies. Mais un jour, qu'elle faisait le même trajet pour rencontrer l'homme de Dieu, elle fut surprise de voir son amie Jeanne qui sortait du même bureau de consultation de ce prophète et dans les mêmes allures qu'elle avait présentées il y a quelque jours.

- Jeanne, ma petite amie, qu'est-ce que tu es venue chercher ici chez le prophète, sans moi.
- Paria, et toi quel bon vent t'amène tous les jours chez le prophète sans nous, tes meilleurs amies.
- Je ne blague pas Jeanne, moi, j'ai des raisons que tu connais, ma maladie que je trainais avec moi, il y a plusieurs années et même des décennies et cet homme m'a ouvert la porte du bonheur et m'a rendu la joie que j'avais perdue. Des douleurs qui m'accablaient, j'ai récolté la paix de cœur, le soulagement et la quiétude.
- Paria, je t'avais caché depuis longtemps, que je souffrais également, non pas des douleurs physiques comme toi, mais des blessures que la science et la médecine n'ont jamais aidé à panser. Je viens de retrouver également la paix et le bonheur auprès de cet homme providentiel, un véritable homme de Dieu, je te dis.
- Jeanne, tu m'as déçu, es-tu tombée amoureuse d'un serviteur de Dieu et dis-moi que tu viens de commettre un pêché impardonnable qui t'amènera tout droit en enfer.
- Paria, mon amie, cesse ces jérémiades et tu ne vas pas me dire que tu es tombée toi aussi amoureuse de cet homme et t'as vite oublié le Docteur Alex ! moi, c'est pardonnable, car je n'ai aucun engagement et le prophète m'a avoué qu'il était presque célibataire et qu'il comptait m'épouser d'ici là.

➢ Jeanne, je rentre à la maison, ne passe jamais me voir, tout est fini entre toi et moi. Tu m'as vraiment déçu et Adieu.

De retour à la maison, déçue, Paria Dosse voit défiler comme dans un film, des livres oints du pasteur François intitulé : « Pourquoi et comment ont-ils réussi ? »

« L'espoir est permis, la pauvreté n'est pas une vertu »

« Hypnose médicale et foi qui guérit, une approche psychothérapeutique de convergences parallèles. »

Ou « mystère de la volonté de Dieu »

Ces livres sont dédiés aux personnages ci-après qui ont su ou qui continuent encore à influencer ou à imprégner l'histoire de l'Eglise à travers le monde. Certains bien qu'ils soient déjà partis, nous le faisons à titre posthume :

- ✓ Kenneth E. Hagin
- ✓ Kathryn kuhlman
- ✓ Kenneth copeland
- ✓ Gloria Copeland
- ✓ David O. Oyedepo
- ✓ Osborn
- ✓ Philip Banda
- ✓ Reinhard Bonnke
- ✓ Benson Idahosa
- ✓ Billy graham
- ✓ William M. Branham
- ✓ Ben vianney

Tous ces personnages ont eu en commun certaines convergences qui les caractérisaient à savoir :

- ➢ Une vision avec provision
- ➢ Un appel et une identité spirituelle
- ➢ Une onction
- ➢ Une foi tenace
- ➢ Une série de références
- ➢ Une application complice des principes de réussite

Nous nous sommes souvent posé des questions comme :

➢ Pourquoi les richesses ne proviennent que des pays occidentaux et non des pays pauvres où les potentialités naturelles sont incommensurables ?

➢ N'y a-t-il pas de riches dans ces pays pauvres ?

➢ Comment expliquer que beaucoup de ceux qui prient, vivent dans la précarité la plus sombre ?

➢ Comment accepter que les maladies les plus voraces comme le cancer, drépanocytose déciment des populations des pays les plus industrialisées, à la pointe de la technologie et de la médecine ?

➢ Qu'est-ce qui fait la différence entre deux personnes qui se confient eu un même Dieu, mais qui obtiennent des résultats différents ?

➢ Pourquoi ces disparités entre les humains

➢ Comment d'autres hommes ou femmes peuvent-ils réussir leur mariage, leur vie professionnelle au détriment des autres qui ne vivent que des déceptions, et divorces ?

Ce livre que vous avez la chance de lire, va révolutionner votre vie et vous redonnera l'espoir de vivre pleinement votre vie.

A l'instant que tous ces personnages qui ont réussi, l'application complice des principes simples vous fera entrer dans la cour des grands. Je peux affirmer sans peur d'être contredit que la pauvreté ne peut jamais et ne sera jamais une vertu. Que la santé est un droit et que le cancer est un désordre à l'équilibre universel et au manque d'harmonie dans votre organisme. Que Jésus-Christ avait menacé le vent et non les démons et que lors de sa visite chez Pierre, il avait menacé la fièvre qui n'est qu'un symptôme et pas une maladie.

L'homme est en soit un potentiel qui s'y ignore et s'il peut puiser dans ses réserves, il pourra changer le monde et son environnement immédiat.

L'homme doit d'abord se connaitre avant de connaitre les autres et avant d'explorer son environnement, il se doit de se refaire une nouvelle image de soi et exploiter les richesses incommensurables s'ouvrant en lui.

Avant la découverte de l'uranium, des bactéries et des microbes, l'homme pouvait être surpris par des radiations, des endémies, pandémies et autre ravages comme la peste et encore aujourd'hui, par le SIDA ou la drépanocytose.

Si nous dessinons au tableau voir, une belle voiture française de notre choix, même si nous faisons mille ans dans ce local avec ce dessin magnifique il ne se passera rien.

Nous marcherons toujours à pied pour nous rendre au bureau et rentrer à la maison le soir, les images qui impressionnent nos sens ne peuvent devenir réalités que si nous y attachons un principe divin appelé foi.

C'est seulement à ce prix que la voiture idéale de notre vie pourrait un jour arriver physiquement dans notre monde physique.

Aucun humain ne peut nous dire qu'il ne doit jamais et ne fait, ne fut-ce qu'une fois dans sa vie , un rêve, même anodin, pendant le sommeil, nous rêvons de bonnes ou mauvaises choses, les personnages de notre rêve les objets que nous utilisons, les actions que nous faisons ne sont pas palpables mais ont des liens directes avec notre être en notre âme et influencent plus ou moins notre corps.

Il nous faut pour cela comprendre l'homme et essayer de le situer dans le contexte de veille, de sommeil ou de mort.

Des nombreux scientifiques et théologiens et même d'éminents hommes de Dieu ayant fait l'histoire de ce monde, ont tenté de défendre leurs thèses concernant les natures qui constituent l'homme.

Des incompréhensions ou des enseignements selon les traditions, des cultures, les niveaux intellectuels ou les religions ont toujours été à la base des divergences de vue que nous observons dans ce domaine.

Nous n'allons pas faire l'inventaire de toutes de ces écoles, nous nous bornerons à vous faire part des conclusions de la bible et de notre propre expérience et ainsi que celle de nos mentors.

Quand nous prenons I Thés. 5 : 23, je prie Dieu pour que tout votre être, l'esprit, l'âme et le corps soit conservé irrépréhensible lors de l'avènement de notre seigneur Jésus-Christ.

Dans Hébreux 4 :12 car la parole de Dieu est vivant et efficace, plus tranchante qu'une épée quelconque à deux tranchants, pénétrante jusqu'à partager âme et esprit

Dans jean 4 :24 Dieu est esprit et il faut que ceux qui l'adorent, l'adorent en esprit et en vérité.

Dans Génèse1 :26 « Faisons l'homme à notre image, selon notre ressemblance, et qu'il domine sur les poissons de la mer, sur les oiseaux du ciel, sur le bétail, sur toute la terre, et sur tous les reptiles qui rampent sur la terre ».

Et enfin dans Jérémie 1 :4-5 « La parole de l'Eternel me fut adressé, en ces mots : Avant que je t'eusse formé dans le ventre de ta mère, je te connaissais, et avant que tu fusses sorti de son sein, je t'avais consacré, je t'avais établi prophète des nations ».

Si nous observons et analysons très bien les passages de l'écriture sainte ci-dessus, nous nous rendons compte que l'homme se trouve être tridimensionnel et a trois natures, à savoir : esprit, corps et âme, avec une différence nette entre esprit et âme. Le passage d'appel de Jérémie est plus qu'explicite en ce sens que Jérémie, le vrai, son esprit, en tant qu'entité spirituelle existait avant sa conception dans le ventre sa mère. L'esprit de Jérémie en tant qu'entité spirituelle vivait auprès de Dieu et quand le moment de rejoindre l'enveloppe était arrivé, Dieu l'a envoyé. La mission qu'il allait accomplir sur terre en tant que prophète des nations était déjà codifiée avant sa naissance. L'homme se trouve être un esprit qui est venu dans un corps ayant une âme reçue lors de la conception.

➢ L'esprit ayant comme siège le cœur (sentiments, haine, amour), notre esprit c'est lui qui nous met en contact avec la divinité, l'Eternel notre Dieu, c'est l'image de Dieu.

➢ L'âme c'est la partie invisible qui est en contact avec le monde mental, votre intelligence, nos pensées, nos émotions, la volonté, c'est le souffle de vie, qui rend la vie à notre corps physique.

➢ Le corps c'est la partie qui nous met en contact avec le monde extérieur, c'est la tente que nous prenons pour paraitre et apparaitre dans le monde visible c'est de la terre que ce corps a été tiré et la terre étant elle aussi venue de l'eau.

En conclusion. L'homme est un être spirituel, une entité spirituelle qui possède une âme et qui vit dans un corps.

La partie qu'il faut travailler beaucoup, c'est le niveau de notre âme, surtout au niveau de nos pensées. Nos pensées sont des forces et elles peuvent créer si elles sont dirigées dans le sens positif de la foi.

Selon Hébreux 11 :1 « La foi est une ferme assurance des choses qu'on espère, une démonstration de celles qu'on ne voit pas ».

La foi se trouve être une assurance de rendre positive nos pensées et de focaliser les images afin de les concrétiser, de rendre la vision réelle.

Ses images de nos pensées sont des rêves qu'il faut visionner en éveil pour les matérialiser. Seul l'esprit divin est capable de nous aider à concrétiser cela.

Au commencement Dieu créa les cieux et la terre. Il dit : « Que la lumière soit et la lumière fut ». Il ne suffit pas de dire : « Que la voiture soit et la voiture sera » Non, il faut visualiser les images de la voiture, de ce rêve invisible, le projeter par la parole de foi, cette parole créatrice qui est capable d'appeler les choses qui n'existent pas à l'existence. Nous pouvons appeler cela la foi ou la parole créatrice. Les pensées positives sont projetées dans votre esprit malgré les obstacles et dans notre cœur nous maintenons ces sentiments d'amour et de partage qui domineront nos pensées. Daniel priait au moins sept fois par jour et nous aussi, nous pouvons visualiser cela sept ou plusieurs fois par jour afin de matérialiser cette vision. Il faut lire la Bible et choisir les passages clés qui concernent la solution à votre problème et lire également les ouvrages oints des personnes ayant réussies dans le domaine qui vous concerne, soit sur le plan de la santé, de la prospérité ou autres.

- **La prière et la foi**

La prière avec une foi tenace en esprit et en vérité, fera en sorte que notre vision puisse se réaliser. Il ne faut jamais rêver, mais il faut plutôt avoir une vision avec des projets bien définis. Le principe consiste à s'imprégner des idées force de sa demande, de ne pas s'attendre sur le problème ou la maladie, mais d'envisager la solution et l'aboutissement heureux des projets. Il faut arriver à entrer dans sa chambre et à prier l'Eternel se trouvant dans ce lieu secret et l'Eternel nous le rendra.

Un personnage célèbre disait récemment que le plus grand secret qui était à découvrir pour mener une vie heureuse, était de se connecter à la source de toute chose, à l'esprit initiateur, au créateur. L'intelligence de l'homme devra être formée. (Romains 12 : 2).

A la création, l'Eternel a doté l'homme du pouvoir de dominer sur toute chose et de jouir gratuitement des fruits de la création. Il est donc normal qu'après la restauration de l'homme déchu, qu'il puisse retrouver et récupérer la prospérité, le succès, et l'accomplissement de tous ses vœux. L'homme ne mérite pas seulement parce qu'il habite tel pays puissant, avoir telle couleur, appartenir à telle religion ou à des aptitudes à telle profession pour réussir. Ce qui importe pour l'homme c'est de connaitre et de se brancher à la source, au trône d'où émanent toutes les richesses et les bénédictions. Il faut se consacrer à la méditation, à la prière et l'onction liée à la foi.

- **La foi**

Hébreux 11 :1 nous dit que « la foi est une ferme assurance des choses qu'on espère, une démonstration de celles qu'on ne voit pas ».

Les choses visibles émanent des choses invisibles. Toutes les pensées positives pouvant appeler à l'existence des choses qui n'existaient pas jusque-là, mais qui peuvent se former dans notre subconscient et après imprégnation par l'action, se matérialiser pour donner corps à des choses visibles, palpables et concrètes.

La foi consiste à se représenter une solution à un problème et non de visualiser le problème. Il faut se concentrer sur la réalisation, la solution, la santé, la guérison, la prospérité, dans le calme de sa chambre, répéter une prière ou une intention.

- L'alliance synallagmatique

I. Timothée 6 :17 nous dit : « Recommande aux riches du présent siècle de ne pas être orgueilleux, et de ne pas mettre leur espérance dans des richesses incertaines, mais de la mettre en Dieu, qui nous en jouissons. »

Il existe des principes spirituels simples et pratiques que Dieu a mis à notre disposition pour que nous jouissions de la vie comme un droit. Nous sommes engagés dans une alliance synallagmatique que Dieu a faite à Abraham qui nous met en contrat inviolable avec lui. Le principe de cette alliance est simple et nous demande l'obéissance et le sacrifice pour que lui aussi fasse de nous une source de bénédictions.

La garantie est que, tant que le jour sera et que la nuit succédera au jour, il lui sera impossible de violer les clauses de cette alliance.

Genèse 12 :1-3 « L'Eternel dit à Abram va-t'en de ton pays, de ta partie, et de la maison de ton père, dans le pays que je te montrerai. Je bénirai ceux qui te béniront, et je maudirai ceux qui te maudiront et toutes les familles de la terre seront bénies en toi ».

Etre béni est un droit inviolable que Dieu nous donne dès notre naissance. Il a placé Adam et Eve dans des conditions leur permettront de jouir pleinement de leur vie.

L'environnement dans lequel, il les mit est que l'or de ce pays était pur, on y a trouvé aussi le bdellium et la pierre d'onyx. Les richesses incommensurables étaient à leur disposition.

Le problème pour Dieu, c'est de respecter les clauses de l'alliance, l'obéissance et le sacrifice pour qu'on devienne une source de bénédiction.

L'homme, le vrai étant esprit, entité spirituelle, crée à l'image d'un Dieu (Esprit) et qui, en s'installant dans le corps humain, révolutionne la vie du temple dans lequel, il est appelé à séjourner durant son pèlerinage sur cette terre.

Toutes les richesses infinies sont cachées dans l'esprit de l'homme crée à l'image de Dieu.

La chair ne sert de rien, c'est l'esprit qui vivifie.

Au commencement le bien-être était un acquis ce n'est que par la suite, après le péché que l'homme a attiré vers lui la pauvreté et le besoin. La pauvreté n'a jamais été une vertu.

Dans Genèse 3 :16-19 : « Dieu dit à la femme : j'augmenterai la souffrance de tes grossesses, tu enfanteras avec douleur, et tes désirs se porteront vers ton mari, mais il dominera sur toi. Il dit à l'homme : puisque tu as écouté la voix de ta femme, et que tu as mangé de l'arbre au sujet duquel je t'avais donné cet ordre : Tu n'en mangeras point : Le sol sera maudit à cause de toi. C'est à force de peine que tu en tireras ta nourriture tous les jours de ta vie, il te produira des épines et des ronces, et tu mangeras de l'herbe des champs.

C'est à la sueur de ton visage que tu mangeras du pain, jusqu'à ce que tu retournes dans la terre, d'où tu as été pris ; car tu es poussière, et tu retourneras dans la poussière ».

De ce qui précède, nous voyons que les travaux pénibles et presque forcés sont la conséquence directe de la désobéissance et du retrait de l'esprit de Dieu qui était dans l'homme permettant un contact direct avec l'Eternel. L'homme était abreuvé à la source qui l'alimentait et il n'y avait pas en lui dans besoins. Les besoins sont souvent crées par le manque. Dieu a vu que l'homme était dépourvu des moyens d'existence à la hauteur de sa dignité et qu'il était presque réduit au niveau des bêtes sauvages qui se nourrissaient en chassant, en se débrouillant.

La bénédiction de Dieu sur l'homme était coupée et dans la volonté de Dieu, il fallait récupérer l'homme en le couvrant dans un premier temps de la peau d'une bête que lui-même avait sacrifié pour atténuer la pauvreté de l'homme, le dénuement de l'homme, la précarité humaine.

La pauvreté ne pouvait donc pas être une vertu.

La vie d'Adam et Eve fut envahir d'épines et de ronces tant sur le plan physique et spirituel.

Le péché qui est entré dans leur vie, en engendré avec lui, la maladie et par ricochet, la mort.

Proverbes 10 :22 dit : « C'est la bénédiction de l'Eternel qui enrichit, et il ne l'a fait suivre d'aucun chagrin ».

La richesse doit être liée à la bénédiction de l'Eternel.

Quand Dieu bénit quelqu'un, la personne s'enrichit à coup sûr. Ici, aussi la pauvreté n'apparait pas comme une vertu, mais comme une malédiction.

Le bien-être n'est pas liée à un pays ; une race, une religion ou autres, mais à la connaissance de l'Eternel et à la découverte de cette richesse enfouie dans l'homme, dans son esprit crée à l'image de Dina.

L'homme doit avant tout connaitre qu'il n'est pas une matière périssable au même titre qu'un animal.

L'homme est avant tout un esprit, une entité spirituelle, un ange envoyé en ambassadeur du ciel pour une aventure dans une famille humaine dans laquelle, il héritera du sang, des certains caractères visibles et invisibles, de certaines maladies héréditaires, de certains aptitudes physiques attachées à ses affecté ni par la maladie, ni par la pauvreté, ni par la couleur de la peau, ni par le pays d'accueil, ni par la pauvreté de la contrée, mais dépendra exclusivement de la source à laquelle, elle sera liée et restera en contact.

La pauvreté tant comme la richesse ou le bien-être physique ou spirituel sont des états d'esprit.

La religion extrémise la personne, le nationalisme l'avilisse, ce qui fera le bonheur et la guérison de l'humanité, c'est le seul mot plein d'espoir : « L'amour »

Un amour qui pardonne, un amour sincère, pas les prières faites par des méchants, des extrémistes, des terroristes, mais par un cœur pur.

L'esprit qui t'a animé avant de venir au monde n'avait pas de couleur, de forme, de religion, de pays, de frontière, et n'avais pas la drépanocytose. Tu étais comme tous les hommes et les femmes du monde, libre de tout attachement visible, tu étais lié à l'invisible. La vue n'avait pas de sens pour toi, seul le cœur parlait, l'injustice ne pouvait pas être de la fête, l'amour régnait en maitre et l'espoir était éternel.

L'histoire de ce prophète était tellement captivante, que Paria crut qu'elle vivait en direct cette prédiction. Le prophète est né d'une mère folle et ne connaissait pas son père. Il a grandi dans l'abandon le plus criant que même l'Eglise qu'il avait fréquenté plus tard quand les dirigeants de la dite Eglise ont arraché l'enfant à l'affection de cette pauvre mère par l'épargner à contracter certaines maladies fréquentes pendant cette période pluvieuse. Rien ne pouvait remplacer l'amour maternel même si cela pouvait provenir d'une mère folle. Cette pauvre était obligée d'errer dans les alentours de l'Eglise pour voler son enfant, après plusieurs tentatives infructueuses, elle résolut de venir faire domicile dans la véranda de cet édifice. L'espoir a fini par payer et elle a été délivrée de sa folie et a pu poursuivre le restant de sa vie en compagnie de son enfant qui est devenu un grand prédicateur et prophète, qui sillonne le monde pour tenir des conférences, des campagnes d'évangélisation et autres. Pendant que cet enfant grandissait à l'église, il a vu autour de lui, l'injustice parmi ceux-là qui se disaient « enfants de Dieu ». Il a eu à observer des terrorismes à travers le monde, par ceux-là qui se disaient « fils de la promesse » Fallait-il se confier en un homme vers qui, on ignorait tout de son cœur ? Fallait-il se confier au destin qui nous terrorisait en envoyant des enfants mourir par l'épée, au nom de grands principes et idéologies. Fallait-il se taire et mourir en silence. Fallait-il lutter et peut-être obtenir gain de cause, si jamais, on pouvait avoir la grâce de survivre contre ces criminels jonchant les rues de Paris, de New York, d'Arabie, d'Irak d'Iran, de Syrie ou de la Palestine !

Ce mois-là, Paria n'a plus vu ses règles menstruelles et elle s'inquiétait et appela au téléphone le prophète pour lui annoncer la mauvaise nouvelle, mais le téléphone ou c'est le répondeur qui lui annonçait de laisser son message et qui serait notifié au correspondant dès qu'il serait en ligne sur le réseau.

Sa déception fut grande, quand elle apprit pour la télévision, par les canaux satellitaires que le célèbre prophète était en Europe pour une longue tournée qui allait durer plusieurs mois et que pendant son absence en Afrique, les bureaux de liaison devaient enregistrer tous les messages et les lui transmettre. Les réponses pourraient-elles aussi tarder du fait de la masse du courrier qu'il recevait. Que ses fidèles et tous les enfants de Dieu devaient faire diligence et comprendre ce contretemps indépendant de sa bonne volonté.

Trois semaines avant le mariage coutumier qui allait déboucher au mariage civil, Paria Dosse fit les crises d'une intensité effrayante qu'elle fut obligée par sa famille d'aller en consultation à l'hôpital. La famille de son fiancé, sitôt alertée, se rendit également à l'hôpital pour s'en quérir de la situation. Son amour, le Docteur Alex était en déplacement aux Etats-Unis afin de finaliser ses recherches sur les essais cliniques en phase III sur un médicament contre la drépanocytose.

La responsable de la cellule de la clinique qui l'aurait accueillie a fait savoir à la famille et aux parents d'Alex, les plaintes enregistrées lors de son admission en soins d'urgence.

- Elle se plaignait des crampes et une forte fièvre a été enregistrée, nous l'avons conduit au labo pour des analyses, repris l'infirmière confiante en son rétablissement rapide. Ce n'est qu'une crise passagère.
- De quoi souffre-t-elle, demanda la tante d'Alex au médecin qui venait de faire son entrée dans la salle ?

- Nous procédons d'abord à calmer les douleurs et à considérer le taux d'hémoglobine et nous verrons si elle va tolérer un taux acceptable pour son cas, enchérit le Docteur Ben de la clinique Bonheur de la capitale.

- Mais docteur, repris la tante d'Alex, qu'est-ce que vous comprenez par son « cas »

- Eh bien, madame, votre fille ou belle fille est drépanocytaire et dans le cas d'espèce, son cas nécessite des soins appropriés. Comme elle a déjà presque dix-huit ans, donc sa prise en charge a toujours été correcte pour qu'elle puisse atteindre cet âge sans problème. Cette crise abdominale est souvent confondue avec une douleur liée à la présence des calculs dans la vésicule biliaire. Ces sont surtout des douleurs ostéo-articulaires qui dominent la symptomatologie à son âge. Les articulations sont attaquées. Il s'installe bien sur des nécroses osseuses et des boiteries. Les yeux sont attaqués et des troubles de vue s'installent progressivement. Il peut y avoir une destruction massive ou importante des globules rouges, mais ne vous alarmez pas, madame, nous savons ce que nous devons faire dans ce cas précis, car une drépanocytaire stressée ou angoissée développe facilement une crise douloureuse. Et nous avions appris qu'elle se prépare à se marier dans quelques semaines, vous comprenez son émotion et cette attente ne pouvait que provoquer ces crises qui du reste peuvent passer sans problème. Nous avons fait des prélèvements pour faire des examens para cliniques (radiographies, culture et antibiogramme) pour voir les lésions, mais entretemps, nous allons administrer un traitement antibiotique par voie intraveineuse qui durera plus ou moins six semaines et qui sera réajusté sur les résultats de l'antibiogramme.

- Docteur ! s'exclame Anastasie, mon neveu a la malchance de nous proposer une fille comme celle-là comme sa future épouse. Avec tout ce que cette maladie comporte, je n'en vais téléphoner à son fiancé aux Etats-Unis pour lui dire notre désapprobation et dès ce soir, nous nous réunirons en famille pour décider, sans ou avec l'accord d'Alex, que ce mariage sera décommandé.

Le soir, toute la famille du Dr Alex se retrouve autour de la tante pour débattre de toutes ces questions et le débat était houleux surtout que les révélations de l'hôpital sont venues mettre l'huile au feu qui était déjà allumé.

VI. L'ULTIME DECISION

Les pensées de Paria Dosse l'amène encore plus loin que sa maladie

- J'étais confronté à des problèmes de santé dès mon bas âge. A l'école primaire, j'étais la risée de mes camarades. Maladive et déclarée drépanocytaire, mais j'avais lutté pour être toujours en forme malgré ma santé en dent de scie. Des douleurs, des gonflements de pieds, des céphalées, des fièvres, des anémies à répétition, tels furent ma vie quotidienne et normale. L'exception était la santé, la règle c'est l'hospitalisation. J'ai enduré ces supplices comme Jésus sur la croix, les tabous et la tradition de chez nous, me taxaient déjà de sorcière.

Que des injures, que des réprimandes, que des soupçons, que des pleurs, que des grincements des dents. J'ai appris à vivre dans la solitude de la famille restreinte, car la famille étendue m'avait rejetée. J'étais appelée « enfant diabolique », produit de malédiction. Ma père ne raconta un jour qu'il était de tradition par les enfants « SS » et ceux qui commencent à avoir des dents de lait à partir de la mâchoire supérieure, de les jeter en pleine rivière nuitamment pour apaiser la colère des ancêtres. J'étais rejetée par une partie de la société et vomie par les miens. Comment pouvais-je évoluer dans un tel environnement hostile et prétendre à faire même des études secondaires. J'étais devenue la peste car ma maladie était considérée dans notre milieu comme étant contagieuse. L'amour envers moi ne se limitait qu'aux quatre murs de notre maison. Ailleurs, on nous pointait du doigt, on riait derrière nous. Nous avions enduré tout cela pour rendre notre existence un peu plus vivable. Dans notre famille, on me poussait surtout à consulter les féticheurs du village que d'aller gaspiller de l'argent en consultation et en soins à l'hôpital.

La connaissance erronée de la maladie ou son ignorance totale, nécessite une sensibilisation et une formation adéquate de tous les intervenants, à tous les niveaux de décision et de responsabilité.

Il sied de constater que la naissance d'un enfant dans cet état provoque des divorces, des disputes et même des scissions irréparables au sein de nos familles africaines. Nous sommes considérés comme étant des vampires, des personnes qui n'ont pas droit à la vie, de bons à rien en qui on ne peut rien espérer. Ces maux doivent être extirpés de la société moderne dans laquelle nous vivons. Nous sommes des sous-êtres, des infectées qu'il faut écarter et même mettre en quarantaine. Nous sommes des oiseaux errants, si la société n'y prend garde, nous devenons des enfants soldats. Si nous survivons à notre espérance de vie dans nos pays qui ne dépasse pas les trente ans, nous mourrons d'une façon précoce avant l'âge de cinq ans pour des complications diverses liées à votre état pathologique. Nous lançons une plaidoirie envers la communauté internationale pour nous venir en aide. Les Nations-Unis doivent prendre des mesures conséquentes pour nous protéger et que nous ayons des droits comme tous les enfants du monde qui ont droit à la protection, aux soins primaires, et à l'amour suffisant pour notre épanouissement. L'année internationale des personnes drépanocytaires ne doit pas se caractériser seulement en recommandations ou déclarations, mais elle doit poser des bases solides et par des faits et mesures pouvant aider cette couche de la population mondiale qui est marginalisée et abandonnée.

Après le départ de tout le monde, les infirmières de garde sont allées se reposer un peu dans les box tout en me recommandant d'appeler si l'urgence s'imposait. Paria Dosse saisit cet opportunité pour enfin tenter de mettre fin à sa vie, car se disait-elle, elle ne valait presque rien. Tous ses espoirs se sont envolés en fumée. Les tentatives pour l'incriminer dans la mort de sa belle-mère ayant échouées, les préjugés et les attitudes négatives enveniment notre société. Nous vivons dans un monde cosmopolite où les différences doivent cohabiter et non s'exclure. L'acceptation de la différence de l'autre, que ce soit la race ou la religion doit être un slogan pour tous afin de réussir un monde vivable. Si nous voulons lutter contre le terrorisme ou autres formes de violences, nous devons cultiver les vertus d'une disposition de cœur qui ne soient pas basées sur des intérêts morbides mais sur une justice efficace à instaurer au niveau international et dans tous les domaines de la vie. Les recherches pour toutes les maladies ou pathologies doivent attirer le même engouement et les mêmes sacrifices que ce que nous faisons pour le sida ou autres maladies qui déciment le monde. Pour qu'un noir puisse se faire accepter facilement dans des lobbies des blancs, il faut au préalable qu'il se montre hostile aux frères noirs afin d'être approuvé, ce qui n'est pas bien. Certaines religions en Afrique et ailleurs, deviennent extrémistes du fait de se sentir infériorisées par l'appréciation des grands de ce monde, alors qu'il aurait fallu intégrer les marginaux et les pauvres tout en préservant les cultures, la religion ou en apportant un grain de développement. L'injustice criante à travers le monde, dans le soutien que les grandes puissances apportent aux dirigeants dictateurs de certains pays les révoltes sans mesures et pousse ces populations à des révoltes sans mesures et plus tard, la population à certains extrémismes que l'occident aura du mal à contrôler et à contenir. La haine vis-à-vis de l'occident va de plus en plus croissant, car on se rend compte que il Européen ou l'Américain ne compte que sur ses intérêts et non sur le respect de la dignité humaine. L'extrémisme nait d'une haine issue de la souffrance et de la colère envers une injustice criante motivée par les grands de ce monde. L'oppression des sentiments exprimés librement, engendre des frustrations, des préjugés tacites voire inconscientes, et passe souvent par des comportements inacceptables qu'on aura difficile à contrôler à l'avenir.

Les jeunes s'adonnent à l'alcool, la drogue, les cultes ésotériques, des phénomènes hippies, et le découragement suite à des échecs successifs au moment où grandissent toujours plus l'image et les désirs des lendemains meilleurs. Ce sont des aspirations indéracinables et des actions de rue, la formation des groupes armés, des groupes terroristes qui naissent comme expression à cette injustice. L'inquiétude devant un pouvoir total et totalitaire, intransigeant pourra donc conduire à une fatalité. Paria Dosse se souvient des péripéties de son enfance, de sa scolarité et de sa vie estudiantine. Elle était souvent marginalisée, coupée de toute relation des amis de son âge. Elle était considérée comme étant incapable, alors qu'elle avait bien des talents et ce sont ces capacités dans beaucoup des domaines qui ont fait d'elle, une fille estimée. Elle ne pouvait pas jouer comme toutes les filles à des jeux qui nécessitaient de gros efforts physiques. Elle s'absentait souvent à l'école lors des crises intermittentes.

Elle faisait souvent le chemin de la croix, elle garde néanmoins de mauvais souvenir de son passage de l'école primaire. Elle était qualifiée de cadavre vivant par ses compagnes de classe, pourtant, elle réunissait souvent plus que les autres. L'incompréhension des certains dirigeants d'école ou enseignants, était à la base de mauvaises cotes qu'elle enregistrait au travail manuel et en gymnastique. Elle n'aurait pas souvent bénéficié de l'encadrement moral des ainés et même de son entourage, qui développaient souvent des comportements émotionnels, méchants par conviction ou par ignorance de peur d'être contaminés.

Elle était souvent diabolisée par la société qui la considérait comme sorcière ou porte malheur. La société était comme une jungle où les plus forts s'imposaient au détriment des plus faibles. Elle était écrasée en plus d'être fille, qui dans les sociétés traditionnelles, n'avait pas droit à l'éducation.

A l'école secondaire, il y avait quand même des gens plus responsables qui pouvaient compatir à ses malheurs. Elle a appris à se défendre de plusieurs matières, en anglais, en math, et même dans des cours de biologie. Elle a eu le temps de se faire valoir. Elle a compris que étant malade drépanocytaire, elle ne pouvait pas échapper à la sous-alimentation générale qui sévissait dans son pays. Le faible pouvoir d'achat de ses parents ne pouvait pas lui permettre de combler les besoins et cette situation la déprimait souvent. Pour garder un bon état de santé nutritionnelle, les drépanocytaires devaient avoir une alimentation appropriée, équilibrée, régulière et suffisante.

La mère de Paria Dosse était la plus malheureuse de toutes les femmes du monde. Elle avait perdu le sourire d'un mariage en rose qu'elle avait contracté. Certains jours de fête, étaient gâchés pour son hospitalisation, des transfusions, clouées au lit, souffrante et martyrisée, elle mêlait à la fête un son de deuil.

Elle a connu des épisodes de coma sans espoir de revoir sa famille.

Elle a entendu souvent les autres membres de la famille dire que son hospitalisation était du gaspillage alors qu'il fallait la laisser trépasser.

Ses parents avaient tout vendu pour sauver ce qui pouvait être sauvé. Elle se culpabilisait souvent, d'entrainer de fortes dépenses qui pouvaient servir à la scolarisation de ses frères plus disponibles qu'elle.

Le père et la mère de Paria Dosse étaient accusés par leur entourage comme étant des vampires qui prenaient le sang de leur fille pour progresser sur le plan social. Elle a été à la base des discordes, des disputes dans la famille.

Elle a été habituée à des restrictions, comme conduire une voiture, voyager par avion, elle se doit de prendre des précautions de répit âpres une méditation légère, encore des crises qui récidivent avec complications, chute drastique du taux d'hémoglobine, il faut parfois transfuser, une ou plusieurs fois dans une année et c'est la routine pour toute sa vie. Elle a été le fruit d'un amour sincère de son père et de sa mère. De cette union légale et chrétienne, est née Paria tous les malheurs, un cheveu dans une soupe lors d'un mariage de noce. Ses parents étaient des bombes à retardement comme les Dosse d'une planche. Elle a reçu le « S » de sa mère et le « S » de son père. Elle est devenu le rebus de la société. Voilà le fruit d'un couple à haut risque mais dont l'amour a été sincère mais coupable. Elle a été l'objet des fausses croyances et illusions alimentés par l'ignorance et l'exercice des pratiques fétichistes et le mensonge de certains pasteurs des certaines églises pentecôtistes.

La drépanocytose est une maladie chronique qui affecte le malade et toute sa famille tout au long de leur existence. Tous les aspects de la vie et de la communauté se trouvant bouleversés.

Faites une visite dans une scierie et vous m'en donnerez nouvelles. Beaucoup de mes frères et sœurs sont jetés et abandonnés. Un bois qui aura couté les yeux de la tête, une essence rare, mais la partie avec l'écorce est enlevée et la dernière également pour servir la société, ses rebus sont jetés et brulés parfois.

Le diable a saisi une occasion de barrer la route à ses projets en incluant dans les clauses, l'appartenance à la religion musulmane. Elle a tout accepté jusqu'au sacrifice de sa vie. Mais cette fois c'est le destin qui s'y oppose. La nature l'a envoyée dans le monde par hérédité avec un gène malade. Elle était drépanocytaire « SS » d'appellation populaire. Elle vient d'être butée à une barrière qui ne sera jamais franchie. C'est une erreur génétique, une anomalie qu'on ne saura pas guérir même si on peut soulager les douleurs, diminuer la nature et l'intensité de crises, la nature a décidé ainsi, elle mourra drépanocytaire.

Il y a très peu d'espoir pour son avenir à moins que l'humanité fasse plus attention à des recherches.

- Durant dix-huit ans, elle a eu la chance d'aimer et d'être aimée par un médecin spécialiste. Qui saura la consoler, seul le ciel peut être capable de lui redonner l'espoir dans l'au-delà. Elle prit des « Tramadol » dix comprimés, fit sa prière funeste et s'endormit.

Le médecin de garde est passé quelques heures plus tard pour constater que l'état de la fille était très critique et qu'il fallait une réanimation et peut-être bien une intervention chirurgicale selon le pronostic qui n'était pas bon, avec une grossesse qui venait compliqué la donne.

Le Dr Alex a appris par téléphone, par sa tante, de l'état de santé de sa fiancée.

- Tante comment va Paria à l'hôpital ?
- Tu te fous de notre famille, Alex mon fils, nous avions tous décidé de quitter l'hôpital après les révélations faites par le Dr Ben qui a consulté ta minable fiancée. Nous avons même décidé en conseil de famille d'annuler toutes les invitations lancées pour cet événement qui n'est plus qu'un non-lieu. Selon notre entendement actuel, tu dois prendre courage mon fils, mon neveux, car tu pouvais épouser le malheur en personne, heureusement qu'Allah est grand et il t'a préservé de tout cela. Maintenant tout est réglé, on va te trouver une bonne femme qui ne soit pas vampire, sorcière, dans une bonne famille et tu verras que tout cela va s'arranger.

- Et bien tante, cela veut dire que vous n'êtes plus passée à l'hôpital pour prendre des nouvelles de ma fiancée ? je connaissais son état sérologique, je me suis dépensé pour faire des recherches dans ce sens pour elle. J'avais promis de faire de mon mieux pour ne pas lui causer de la peine. Comment pourrais-je blesser une créature si belle, si douce, et si aimable ? Sa vie tenait à la mienne. Ses joies, ses douleurs, ses plaisirs, je les partageais pour cette charmante fille avec ses yeux de cristal et des cheveux en bandoulière que j'enviais. Il est rare aussi qu'une fille réunisse toutes ces qualités. Dès demain, je reviens au pays et j'apporte une très bonne nouvelle à tous les drépanocytaires du monde entier. Un médicament vient d'être trouvé pour aider tous les autres hommes de la planète. Il vient de passer en phase III des essais cliniques et les résultats sont convaincants. Paria Dosse sera soulagée et nous pourrions nous marier sans problème. Elle va avoir une famille et je lui redonnerai la joie qu'elle avait perdue depuis son enfance.

L'Etat de Paria Dosse à l'hôpital ne faisait que s'empirer. Le Dr Ben donna l'ordre aux infirmières de la conduire dans la salle d'opération. Elle était devenue crispée et méconnaissable. Elle fut allongée dans sur un lit, elle ne remuait plus. Le médecin demanda à une anesthésiste de la préparer. Après l'opération, Paria

Dosse restait toujours en coma, elle qui avait lutté toute sa vie, sera-t-elle capable de le faire une fois de plus…

Le Docteur Alex de retour dans son pays rentre avec la ferme conviction de revenir sauver de nombreuses vies qui meurent chaque année à cause de cette maladie appelée « drépanocytose »

Il fut hélas déçu et ne put réaliser son reve,celui d'avoir fait des recherches pour sauver en plus de nombreuses vies, mais surtout sa chère fiancée « Paria Dosse »

La mort de Paria Dosse l'a beaucoup affecté et il a pu obtenir n contrat à durée indéterminée chez « Médecins sans frontières » et a été immédiatement affecté à l'Est de la RD Congo où il a pu faire face à des atrocités d'une cruauté jamais connue .

De groupes armées qui sévissent dans cette partie du monde, qui violent, tuent et terrorisent les hommes. Ces terroristes sèment la désolation et la peur dans la population.

Le docteur Alex a travaillé en intervenant pour soigner des fistules des femmes violées, des soldats amputés et d'autres interventions, mais dans des conditions peu recommandables.

Plusieurs attaques ont été perpétrées même dans les camps de ces organisations internationales.

Quelques années après, il a plu à sa hiérarchie de l'envoyer dans une mission en Libye où il a rencontré une certaine Jeannine dans sa section.

- *je m'appelle Jeannine Soleil.je suis née à Jadoville, à l'Union Minière du Haut-Katanga, en RDCongo.Francaise d'origine, issue de Soleil Jean, Français et d'une mère Belge.

Mon père Soleil était employé dans une société minière dans le sud du Congo-Belge ,comme chimiste aux laboratoires d'analyse chimique à Shituru,une usine de traitement de cuivre et cobalt.

Dès mon enfance, nous avions l'habitude de rentrer en France pour les vacances presque chaque année.la société qui employait mon feu père, lui octroyait des titres de voyage qui nous permettaient de consolider et de maintenir nos liens avec la métropole .

Après mes études primaires et secondaires à l'école française de Likasi, j'ai poursuivi des études spéciales d'infirmière en France ou j'ai pu acquérir une grande expérience.je fut recrutée au sein de Médecins sans Frontière et envoyée en Libye ou j'ai rencontré un jeune médecin fraichement venu des Etats-Unis, le Docteur Alex qui fut mon chef de section au sein de cette organisation internationale à Tripoli.

De notre amour, sont nés trois enfants, Sion, Gloire et Iel.

Après des guerres civiles à répétition dans ce pays qui ont emportées le docteur Alex lors d'une embuscade, j'ai décidée de rentrer en France avec mes enfants de couleur, des métis au teint très bronzé.

Empoignant mon sac à dos et les enfants, les trois nègres,nous sautames à bas du camion qui venait obligeamment de nous déposer dans les environs de la rive gauche de la Méditerranée aux côtes libyennes. Les arrangements étaient faits bien des mois après la mort tragique du docteur. L'important pour le moment étant de rentrer en France, mais pas seule ,car la seule consolation qui me restait de ces souvenirs atroces subis en Libye, était mes trois enfants, qui représentaient mon seul héritage me légué par Alex.

Tous mes biens étaient détruits ou volés et toutes mes économies faites pendant toutes ces années de dur labeur, étaient partis en fumée. L'image de nos liens fragiles d'avec Alex, étaient ces pauvres enfants, victimes de l'intolérance et de l'injustice de la communauté internationale.
Je revoyais pour la dernière fois ce paysage quelque peu sordide. Mais j'étais si pressée que j'avais l'impression que le temps s'arrêtait quelque part et une ombre me poursuivait sans cesse pour me retenir et me faire prisonnière sur cette terre ou contrée que je ne voulais plus revoir même dans un rêve.
Des hommes et des femmes nous croisaient et nous dévoraient en nous dépassant ,même un policier nous regarda de travers.je me rendis compte que mon aspect et mon allure étaient bizzare,car voir une femme blanche en cette tenue débraillée, accompagnée de trois enfants nègres,laissait patois les gens qui essayaient en vain de comprendre ce phénomène pas si fréquent.je me posait la question, si mes amis de service ,pouvaient me voir dans cet état, qu'auraient-ils pensé et les gens qui se trouvaient à côté de moi, ne m'intéressaient plus.
Celui qui nous a fait tous les arrangements pour que moi et les enfants puissent embarquer et immigrer vers la France d'une façon clandestine, était-là à nous attendre au bord de la mer.
Son accueil était très discret pour ne pas attirer l'attention des passants et des garde- cotes .la sécurité était renforcée c'est pourquoi ,le monsieur ,Raphael nous a fait atterrir sur une cote moins fréquentée à partir de laquelle nous allions prendre une embarcation de fortune, pour nous rendre en France via les côtes Italiennes.
Mais ,notre joie fut de courte durée, car nous espérions embarquer un jour après notre arrivée dans ce faubourg, mais notre attente fut un véritable calvaire et une lutte de combattant.

L'argent que j'ai donné à cette bande « d'arrangeurs » s'estimait à plus de neuf mille euros alors que si j'avais réussi à prendre l'option légale, nous aurions pu dépenser à peine trois mille euros ,toutes formalités comprises. Le problème qui se posait làs-bas,était de prouver aux services d'immigration ,que ces enfants noirs, étaient bel et bien mes enfants ,d'autant plus que moi ,qui prétendait être leur mère, était blanche ,de nationalité Française et pire encore ,notre lien avec Alex ,n'était pas conclu par un mariage légal.

Les nouvelles conditions du parlement européen et même de la France rendaient encore plus longues et difficiles, les démarches pour faire accepter ces enfants sur le sol français et le problème épineux qui venait compliquer la done ,était surtout l'appartenance à l'Islam de leur père et les noms arabes qu'on avait annexés aux prénoms dans leurs passeports congolais.

Je me souviens des interrogatoires que j'avais subis au commissariat et par les services d'immigration de la France à l'Ambassade de France en Libye.il y avait une longue file chaque matin devant la porte de l'ambassade. Après avoir rempli les formulaires de demande de visa de long séjour pour mes enfants, un interrogatoire en interview est intervenu quinze jours après.

-Docteur Alex… vous aviez dit, mademoiselle, était votre mari…

-Oui, mais…

-Pouvez-vous, mademoiselle, nous prouver qu'il était votre mari, car les papiers déposés ne renseignent nullement cette chose, mais que vous étiez célibataire…

-Ce que ,monsieur, au fait, Alex et moi, étions très liés et on travaillaient dans une même section au sein de Médecins sans Frontière et que les années passaient ensemble ,nous ont plus rapprochés…

-Cela ne justifie en rien mademoiselle Jeannine ,que l'usure des années puisse officialiser un mariage quand bien même deux personnes peuvent s'aimer à mort.

-Au fait, demande le préposé, comment ton… a-t-il été tué…

-Il devait aller secourir des personnes qui étaient blessées à vingt kilomètres de Tripoli suite à une attaque des « dhjadistes ».malheureusement, leur voiture est tombée en embuscade et le docteur Alex fut tué sur le champs et ses amis n'ont pas eu la chance de le sauver.

-Combien de temps a eu lieu cet incident malheureux et tragique…

-Bientôt une année et quelques…

-Excuse-moi, mademoiselle, il parait qu'il était congolais en mission…

-Certainement et il aimait bien ses enfants…

-Je dois vous dire sincèrement, mademoiselle que pour vous, qui êtes francaise,le problème ne se pose pas pour votre retour en France, mais pour ces énergumènes noirs, je suis désolé…

-Mais monsieur, comment osez-vous insulter mes enfants en ma présence, alors que vous êtes commis à cette tâche pour nous faciliter et servir tout le monde sans discrimination aucune. Comment pouvez-vous avoir un langage aussi déplacé, haineux et raciste en ce siècle-ci ou tous les efforts sont conjugués pour endiguer ce fléau de racisme qui met une barrière pour la construction d'un univers vivable ou tous les humains peuvent être considérés comme des citoyens…

Remettez-moi mes passeports et je me débrouillerai autrement.

Raphael nous a installés dans une petite cabane au bord de la mer.

Une habitation en briques non cuite au bord de la mer. Une habitation avec une toiture en paille. Nous sommes restés dans ce retranchement, plus d'un mois comme dans une hospice des indigents. J'ai encore la

trace des escarres à force d'avoir passé les nuits à même le sol pendant plus d'un mois.
Un matin, deux types entrèrent dans la caverne et s'assirent non loin de nous. L'un était grand et mince.il portait une tenue avachie et l'autre une veste de cuir fatiguée. Ils nous donnèrent des consignes pour le départ qui devait se faire la nuit vers minuit. Nous étions près de cent quatre-vingt personnes qui devaient prendre place à bord de ce bateau de fortune dont la capacité maximale ne pouvait pas dépasser soixante –six personnes. En plus de personnes, des provisions devaient être embarquées avec nous, ce qui faisait que le nombre donnait une surcharge.
Avant de monter, un bourdonnement de voix masculines venait des bois.je ne distinguais pas les mots, mais il avait dans ce son confus un je ne sais quoi d'agressif qui accentua encore, une minute plus tard, la résonnance d'un coup de feu.je regardais dans les broussailles des formes qui bougeaient et notre guide nous recommanda de courir vite au bateau qui nous attendait.
Le parcours de tous les dangers commença vers une heure du matin et au bout de quarante minutes, un grand vent se leva sur la mer et des vagues d'une hauteur impressionnante firent balloter notre embarcation de fabrication locale et artisanale. Celui qu'on appelait « capitaine »,qui n'avait subi aucune formation classique en la matière, un vieux autodidacte qui dépassait la soixantaine mais expérimenté dont la moustache montrait une détermination légendaire et farouche qui nous rappelait les mexicains dans un film western.
La suite, je ne la connais pas, car nous nous retrouvâmes de l'autre coté en Italie, dans un commissariat de police.
Nous avions fait combien de temps en mer, je ne le sais pas. Ce que je sais ,ce que ,on nous a repêchés après un naufrage et treize était le nombre de survivants de cette embarcation de fortune. Nous étions parmi

les rescapés de cette expédition. J'étais dans une cellule séparée de mes enfants qui survécurent également à ce naufrage en mer.

-mademoiselle, soupira l'agent de police, pourquoi aviez-vous optée pour ce genre d'embarcation, alors que tous vos documents trouvés sur vous, attestent que vous êtes ressortissante de France et que par conséquent, vous avez tous les droits de regagner la France par des voies légales et sures au lieu de ce que vous aviez risquées. Quelles sont les motivations de votre décision, car ,nous ne comprenons pas pourquoi avoir pris tous ces risques ?

-monsieur le commissaire, ou sont mes enfants avec qui, je devais regagner la France via l'Italie ?

-Nous n'avions pas repêcher d'enfants français lors de ce naufrage, à part ces saletés qui sont là dans la celle d'à côté.

-Ce ne sont pas des saletés, protesta Jeannine, d'une voix sèche et émotionnée ... ce sont mes enfants.

-Mais, mademoiselle, ils sont tous noirs comme le chocolat et toi, t'a la peau blanche comme un ange, ça ne te ressemble pas. Tu voulais faire le trafic des êtres humains ? ne sais-tu pas que ce genre de commerce est prohibé sur l'espace européen ?et puis encore que ces puces n'ont pas des papiers en ordre et voulaient immigrer clandestinement avec vous, pour quel prix et pour quel motif ?

-Vous vous trompez monsieur, ces enfants ne sont pas à vendre ou à acheter et j'ai le droit de les emmener ou je veux...

-vous allez bientôt être pris en charge ,mademoiselle ,mais pas ces ignares, ces bon à rien, ces terrorismes en devenir.

-Je n'ai pas besoin de votre aide ni de qui que ce soit. Vous n'avez pas de leçon à me donner car je ne sais pas dans quelle catégorie humaine, je peux vous classer.

Le commissaire me fit signe de le suivre, dans un salon et c'était une petite pièce encombrée de meubles trop rembourrés, avec de larges porte-fenêtre et une cheminée garnie d'un bruleur à gaz.il me désigna un canapé et s'installa en face de moi sur un fauteuil assorti.la pièce était aussi hospitalière que la vitrine d'un marchand de meubles, mais mon hôte ,semblait maintenant faire effet pour paraitre amical. Un sourire qu'on eut pu bien prendre pour une grimace de douleur, détendait sa longue physionomie.

-Ainsi, vous êtes Jeannine ?je connais bien « médecins sans Frontière », des gens formidables, qui rendaient d'énormes services à travers le monde. Votre mari également parti de cette organisation ?

-Oui, avec une voix pincée d'amertume et de douleur.il était mon chef de section avec qui j'ai eu trois enfants, les trois qui sont restés dans l'autre cellule.

-Raconte-moi un peu ton histoire ou tes mésaventures qui t'ont conduites à condamner ces pauvres nègres à échapper à la mort dans la mer. Ils seront forcés de rentrer soit à Tripoli, soit à Léopoldville d'où est venu leur père de triste mémoire.

-Après le récit de Jeannine, le commissaire se leva et traversa la pièce et dit :je m'en doutais, tu es une femme charmante et tu as de la classe, mais cependant, l'erreur que tu as commise et que tu regretteras toute ta vie, c'est d'avoir été sur les traces de ce nègre qui t'a ensorcelée qui a pu mêler à notre sang immaculé, ne couleur de malédiction qui ne te ressemble pas, une race inférieure d'esclave.

Jeannine se leva d'un bond et fit face, la colère qui bouillonnait en lui, se reflétait également dans ses yeux limpides mouillés des larmes mais généreuses d'une volonté de protection des Etres qui ont une âme et un esprit commun aux humains.

Pourquoi cette discrimination, cette injustice, ces enfants auraient-ils commis un péché mortel qui puissent les rendre hostiles à toutes les rencontres des gens qui sont différents d'eux ?

-Mademoiselle, je ne fais que mon boulot, aboya-t-il et je vous dis ce que nous avions reçu comme ordre de notre hiérarchie, de protéger les ressortissants de l'Union Européenne et de refouler tous ces indésirables qui viennent troubler l'ordre dans notre espace. Ces illuminés, ces Islamistes, ces terroristes qui ont endeuillés notre territoire à plusieurs reprises.

-Mon commissaire, si notre espace devait être nettoyé ,c'est de la saleté de nos idées rétrogrades et de ces mentalités sans fondement moral et spirituel. Vous n'avez pas un cœur, car ,si vous pouviez en avoir un, vous auriez pu penser à ces pauvres enfants que vous-mêmes les occidentaux, aviez créés, par des tensions inutiles pour assouvir vos intérêts égoïstes en soutenant des thèses qui ne s'adaptaient pas à l'environnement en Libye.

Les libyens avant l'intervention occidentale ,vivaient sous une dictature favorable aux mentalités des gens qui vivaient là-bas. Leurs enfants allaient à l'école, les enseignants étaient les mieux payés en Afrique ,les affaires marchaient à merveille, on ne parlait pas encore d'attentat ou de terrorisme en Europe à cause de ces Africains, musulmans. Cette sorte de gouvernance imposée par l'occident a mis le pays à feu et à sang .au lieu d'arranger les choses, les occidentaux ont détruit un pays émergent.

Le feu allumé par l'occident ,qui est incapable de l'éteindre ,a créé plutôt des dissensions, la haine et la division ,alors que ce soit disant dictateur a pu faire l'unité et le progrès à moindre frais.

Quelles étaient les motivations réelles pour cette intervention meurtrière et inutile en Libye ?

Cet africain ,aurait-il commis une faute ou infraction grave que les bavures et musellements en Chine, à Cuba, en Iran et dans les colonies juives en Palestine ?

De retour en France, nous étions établis en banlieue. Dans toutes les classes ou mes enfants de couleur étaient inscrits, tous les élèves étaient blancs. Les enfants me disaient toujours au retour de leurs classes ,qu'on les injuriait.

Le monde est un univers cosmopolite ou tous les hommes sont des citoyens. Le monde doit savoir que notre combat à tous ,doit se focaliser vers un idéal commun ,celui d'éliminer la souffrance ,la misère et la haine que les enfants ressentent lorsqu'ils sont victimes de médisance, des injures ,tout simplement parce que ils sont différents des autres. Cette frustration peut se condenser et aboutir surement à des comportements de rejet de l'autre et de haine, socle de ce que nous déplorons aujourd'hui comme étant du terrorisme.

L'univers est un espace créé pour que nous tous, nous soyons UNIS VERS un idéal commun et des intérêts de protection, non pas seulement de notre environnement immédiat, mais de tout ce qui nous entoure, pouvant influer positivement pour le bien-être de toute l'humanité et de l'univers tout entier.

Notre slogan devait être UNIS VERS et non DESUNIS VERS ou encore DES UNIVERS, car nous n'avons qu'un seul univers en commun que nous devons à tout prix ,protéger.

Chaque jour qui passe ,nous réserve des surprises heureuses ou malheureuses, mais celles qui nous marquent les plus ,ce sont des discriminations que nous observons en banlieue ,dans les salles de classe et dans les lieux publics.

Quand ces enfants de couleur sont arrivés pour la première fois en France, ils ne parlaient pas très bien français, car leur père Alex avait un accent beaucoup plus anglophone que francophone et leurs camarades se moquaient d'eux.

Nous tous ,nous sommes quelque fois victimes ou produits de la nature, du soleil qui nous a brulés au fil des ans et des siècles et nos habitudes ont été calquées sur la proximité de notre environnement. Cette nature, cette flore ou cette faune ,a fait en sorte que nous soyons plus naturels que superficiels et ce modernisme nous est donné souvent à contre-courant ,sans préparation aucune.

La haine est plus contagieuse que la peste, elle débouche toujours à la brutalité , à la vengeance ou au désordre pour refouler ces sentiments d'injustice qui se sont installés au sein de la communauté humaine.

Les disparités et les différences de forme, de teint, d'éducation et même de coutume, ne peuvent en aucun cas nous diviser à jamais.il nous faut suivre le principe d'altruisme que nous constatons dans la nature. Nous devons essayer de bannir les préjugés, car ces derniers, amènent l'homme à se détourner de son semblable avant même de le côtoyer pour voir ce qui se dit au sujet de l'autre et forcément si c'est réel ou pas.

Un soir du 06 juin 2019,Jeannine est allée avec ses trois enfants à une représentation théâtrale. En rentrant chez elle, elle trouva des inscriptions sur les vitres et des dessins de singes sur l'une des fenêtres. c'était la première fois ou Jeannine a cru que son cœur allait s'arrêter de battre et elle a cédé à la panique, car le film de l'immigration ,lui est revenu à la mémoire. Les risques de noyade en Méditerranée ,les bavures policières à l'endroit de ses enfants de couleur. Bref ,la légèreté attachée à l'endroit des vies humaines qui se sont noyées ,sont des choses à ajouter aux atrocités en Libye et à l'Est de la RD Congo ,causées par l'insouciance et la cupidité des dirigeants dictateurs soutenus par cette même communauté internationale qui ferme ses frontières à cette foule de victimes de la mauvaise démocratie imposée par elle et manœuvrée négativement par une élite, une petite minorité à la solde des intérêts des occidentaux.au lieu de punir ces pauvres innocents ,au lieu de dépenser des millions et des millions d'argent pour une aide alimentaire et humanitaire aux réfugiés dans les camps de fortune en Afrique et ailleurs, on ferait mieux d'affecter même une partie de ce budget à l'éducation ,à la santé et à la bonne gouvernance pour aider ces pauvres nègres et musulmans ,ces compatriotes à mieux vivre chez eux ,en paix que de provoquer des guerres fratricides par –ci ,par –là et empêcher les victimes de rejoindre des contrées meilleures et creusant leurs tomes gratuitement et atrocement dans ces mers au paysage touristique, dans des cercueils naturels et légendaires. Jeannine s'est souvenu que feu ,le docteur Alex lui avait raconté son mésaventure qu'il avait connue quand il était en formation aux Etats-Unis.

Ils étaient dans l'autobus sur un boulevard et tous, avec des amis blancs, prenaient du chocolat et jetaient les emballages à travers les vitres sur la chaussée. Sur cette grande avenue ,il se fait un nettoyage quotidien et il est strictement interdit d'y jeter de la paperasse .les motards ayant observés cette contravention ou infraction, suivirent cette auto jusqu'à la station d'essence. Ils entrèrent dans l'autobus et l'un d'eux demanda :

-Qui a jette ces emballages sur la chaussée ?

Tous les blancs dans le bus, à l'unisson, déclarèrent :

-C'est ce nègre au fond ,qui a immigré avec ces sales habitudes.

Et les policiers ont mis en garde le docteur ,qu'à la prochaine occasion ,il serait mis en prison.

Nous voyons que tout ce qui est négatif, est attribué sans ambages aux gens de couleur et les éloges ,aux blancs, censés avoir toutes les qualités de savoir-vivre et de savoir-faire du monde.

On fait de la couleur de la peau ,un complexe de supériorité contre toutes les races de l'univers, alors que ce qui compte dans l'homme ,ce n'est pas la forme ou la couleur ,mais l'esprit qui est en chacun de nous, cet esprit invisible ,sans forme et incommensurable. On attribue à tous les gens de couleur les mots comme « abominable ».

Il Ya une année, une conférence-débat a eu lieu et tenue par un conférencier nègre ,sur l'hypnose médicale et la foi ,une approche psychothérapeutique des convergences parallèles .une invitation cordiale a été envoyée à tous les scientifiques, professeurs d'université, chefs religieux et autres sans distinction de race, ni de religion. A la grande surprise, un blanc seulement avait répondu à l'invitation et par curiosité pour venir voir ce que un noir peut bien faire dans ces genres de débats de très haute facture scientifique. A la fin de la conférence, il a eu l'honnêteté intellectuelle de reconnaitre la pertinence des interventions sur un sujet philosophique complexe.

Les enfants de Jeannine en ont fait à leur frais. Toutes ces expériences malheureuses qui pouvaient les conduire même à maudire le jour de leur naissance sur cette terre des humains.

Ils ne comprenaient encore la différence fondamentale entre les religions, les fêtes religieuses, quand bien même ils participaient par curiosité à la plupart d'entre elles.

Plutard, ils commencent à distinguer leur propre conviction et leurs pratiques religieuses.

Les institutions nationales et internationales doivent aider les humains à s'impliquer et à apprendre à respecter ceux qui pratiquent d'autres religions même si elles n'appartiennent pas à leur culture, à leur philosophie ou à leur laïcité.

Toutes les religions ont comme fondement ou socle sur lequel elles reposent, « l'amour et l'unité ».

Même les salutations à travers le monde paraissent être contradictoires, mais résument l'identité propre à chaque peuple.

*en Inde : « le manas te » joignez les mains devant la poitrine, comme pour prier et inclinez légèrement la tête.

*en Israël :serez-vous la main ou étreignez votre interlocuteur suivant que vous le connaissez plus ou moins intimement tout en disant « shilom ».

*au Japon :inclinez le buste à un angle de quinze degrès.ce salut informel convient quel que soit le rang de la personne à qui vous vous adressez, en toute occasion.

*en Amérique Latine :donnez l'accolade à la personne que vous saluez ,cela s'appelle(l'Abramo) tout en tapant vigoureusement dans le dos.

*en Malaisie : tendez la main et touchez le bout des doigts de la personne que vous saluez.ensuite,mettez-vous la main sur le cœur, pour montrer que c'est là que vient ce geste, qui ne s'utilise que d'homme à homme ou de femme à femme.

*au Moyen-Orient : (le salaam) levez la main droite en commençant par vous toucher le cœur, puis le front, avant de la tendre à la personne. Accompagnez ce geste de la phrase « Salam alaykum »,qui veut dire ,la paix soit avec vous.

*en Polynésie : étreignez-vous en vous frottant mutuellement le dos, ce geste est réservé aux hommes.

*en Russie : serez-vous fermement la main, puis donnez l'accolade.

*en Europe méridionale, Amérique Centrale et Amérique du Sud :serez-vous chaleureusement la main en prolongeant ce geste un peu plus longtemps que la poignée de main traditionnelle.ensuite,touchez l'avant-bras, le coude ou le revers de la veste de votre interlocuteur.

*Etats-Unis : donnez une franche poignée de main tout en regardant la personne dans les yeux.

Pour bannir la haine et prévenir le terrorisme, nous apprendre à être bienveillant, cultiver l'amour, bannir les aspects de pureté raciale, de zèle religieux, l'extrémisme dans nos convictions, le besoin de sécurité contre les autres et l'auto préservation.

Il faut utiliser des définitions et des vocabulaires appropriés non vexatoires.

Conclusion

De tous les thèmes ayant fait couler beaucoup d'encre et de salive, c'est surtout ceux liés aux religions, aux doctrines, aux philosophies idéologiques et aux pratiques des fondamentalistes qui créent des débats houleux parmi les chercheurs et les scientifiques de tous bords. Beaucoup de civilisations qui ont fait la preuve à travers le monde, la religion était d'un apport considérable comme en Athènes .

La religion a influé sur beaucoup de domaines et créé également beaucoup de tensions ,conflits et guerres à travers le monde.

S'il Ya un domaine qui fait facilement alimenter des guerres, des migrations, c'est bien la religion et pour chercher également des solutions à ce générique actuel et mondial qu'est « migration et terrorisme »,il faut associer sans préjugés, les meneurs d'Ames ,les manipulateurs des pensées et des consciences, afin d'aboutir à des solutions durables.il ne suffit plus de faire intervenir seulement des chercheurs et des scientifiques dans les domaines concernés, mais il faut faire avec ceux qui sont les architectes d'ambitions et des émotions fortes, les manipulateurs des pensées.

La géopolitique mondiale dépend beaucoup plus de différents courants religieux que des politiques.

L'universalité de la question de conflits est due principalement à une coexistence impérieuse entre différentes pensées idéologiques, culturelles et surtout religieuses de ces trois héritiers d'Abraham, sans oublier d'y associer les philosophies hindous et les intérêts chinois non négligeables.

Il faut repenser l'objectif premier que nous devons poursuivre étant dans cet univers. Nous devons être UNIS VERS ET non DESUNI-

VERS. Il n'y a qu'un univers qui est notre héritage et patrimoine commun et non DES UNIVERS.

La religion a repris droit de cité sur la scène internationale. Même si ,il y a des Nations qui semblent ignorer ce phénomène actuel, elles subissent néanmoins d'une façon passive ces aléas liés à l'influence palpable de la religion.

L'occident moderne a payé à plusieurs reprises le prix de sa négligence ou même de son hypocrisie face à la montée en puissance de ces religions extrémistes sur son territoire.

La solution n'est pas d'interdire l'immigration en occident ou aux Etats-Unis, mais de comprendre quelles sont les aspirations fondamentales de tous ces peuples, pays et dirigeants religieux face à la politique ou modèle de démocratie qu'on impose à ces pays à forte influence idéologique et religieuse que politique.

De questions fondamentales doivent être posées d'une façon pragmatique et impartiale.

*les intérêts que l'occident a dans ces pays, cadrent-ils avec les pensées idéologiques et religieuses de ces pays ?

*les dirigeants que l'occident et même les Etats-Unis protègent et soutiennent, garantissent-ils des courants de pensées et les aspirations de ces peuples ?

*les milliards de dollars que les Nations avancées et même développées ,dépensent pour soutenir des dictateurs, des intérêts occidentaux dans les pays face au peu de millions que ces peuples demande pour son éducation, sa santé et ses infrastructures détruites par des guerres injustes ,amèneront-ils la paix durable par des décisions de fermer les frontières à ces migrants qui ne font que réagir à ces souffrances, ces atrocités, ces injustices et ces prises de positions impartiales de la communauté internationale ?

Ces peuples qui vivaient la plupart du temps dans des grottes de fortune, à l'état sauvage presque, dans cette jungle vierge ,dans cet environnement sain, et qui ont été appelés à se moderniser, mais tout en se désolidarisant de sa culture et de ses habitudes religieuses, contre une autre imposée ,à l'occidental, une démocratie calquée sur des valeurs importées et dcs idéologies nouvelles et parfois contradictoires. Des libertés fondamentales qui amène cet homme qu'on a trouvé nu ,qu'on a habillé pour se retrouver en face d'un donneur de leçon en train de se déshabiller en public ,de se promener nu ,dans les bois ,au nom de certaines libertés.

*les constitutions ou lois fondamentales de ces pays qu'on veut civiliser ,à qui on impose obligatoirement et d'une façon non concertée, des dispositions de « sodomie », « d'avortement légalisé, d'abolition de la peine de mort » ,tout en leur interdisant le port de certaines de leur tenue exprimant leur culte au nom de la laïcité ?

*certaines chapitres Nations Unies qui donnent le droit à certaines grandes Nations d'user de certains privilèges de droit dit, droit de « veto »,même pour soutenir la mort des millions des humains bombardés à longueur des journées en Syrie, en Irak, en Iran ... afin de protéger des intérêts égoïstes au sein d'une organisation qui se veut juste sur le plan international, une justice injuste et partiale en faveur des puissants de ce monde, alors qu'il y a des Palestiniens qui meurent tous les jours pour revendiquer leur droit de jouissance sur la terre de leurs ancêtres contre Israël qui s'est installé selon la vérité religieuse au détriment de la réalité historique.

Ainsi ces questions doivent être traitées sans sentiment et sans passion ,en dehors de tout complexe de supériorité afin que nous puissions créé les conditions idéales de coexistence pacifique entre les Nations du monde.

Associons cette question du terrorisme ,des migrations à cet idéal fondamental d'altruisme que nous constatons dans l'univers. Nous devons être unis vers un même but, à savoir rendre notre environnement sain, non pas seulement en préservant la nature, mais aussi ,en garantissant au monde et à toutes les Nations les chances égales pour son développement et pour la survie de ces populations et nous aurions vaincu le terrorisme, les migrations et la pollution environnementale sans un coup de feu tiré en l'air.

Tous les hommes doivent être soustraits à toutes contrainte de la part tant des individus que des groupes sociaux et de quelque pouvoir humain que ce soit, de telle sorte qu'en matière religieuse ,nul ne soit forcé d'agir contre sa conscience ni empêché d'agir, dans de justes limites ,selon sa conscience, en privé comme en public ,seul ou en associé à d'autres.

Le terrorisme est une des formes les plus brutales de la violence qui bouleverse aujourd'hui la communauté internationale.il sème la haine ,la mort, le désir de vengeance et des représailles.

De stratégies suversives,typiques de quelques organisations extrémistes, visant à la destruction des choses et au meurtre des personnes, le terrorisme s'est transformé en un réseau obscur de connivences politiques.il utilise aussi des moyens techniques sophistiqués, se prévaut souvent d'immenses ressources financières et élaborer des stratégies sur une vaste échelle ,frappant des personnes totalement innoncentes,victimes accidentelles des actions terroristes. Les cibles des attaques terroristes sont, en général, les lieux de la vie quotidienne, et non pas des objectifs militaires dans le contexte d'une guerre déclarée. Le terrorisme agit et frappe aveuglement en dehors des règles grâce auxquelles les hommes ont cherché à discipliner les conflits, par exemple avec le droit international humanitaire.

Le terrorisme doit être condamné de la manière la plus absolue.il manifeste un mépris total de la vie humaine et aucune motivation ne peut le justifier, dans la mesure ou l'homme est toujours une fin et jamais un moyen.la lutte contre les terroristes doit être menée dans le respect des droits de l'homme et des principes d'un Etat de droit. L'identification des coupables doit être dument prouvée, car la responsabilité pénale est toujours personne et ne peut donc pas être étendue aux religions ,aux Nations, aux ethnies, auxquelles appartiennent les terroristes.

La collaboration internationale contre l'activité terroriste ne peut se limiter seulement à des opérations répressives et punitives.il est essentiel que le recours à la force s'il est nécessaire, soit accompagné d'une analyse courageuse et lucide des motivations sous-jacentes aux attaques terroristes.

Le recrutement des terroristes est en effet plus facile dans les contextes sociaux ou les droits sont foulés au pied et ou les injustices sont trop longtemps tolérées.

Aucune religion ne peut tolérer le terrorisme et encore moins, le precher.les religions s'emploient plutôt à collaborer pour éliminer les causes du terrorisme et pour promouvoir l'amitié entre les peuples.

Le but du droit est d'ordonner les relations sociales.il est évident que tout système juridique doit correspondre aux principes de l'ordre social qu'il entend réglementer. Les relations internationales sont devenues ,politiquement et juridiquement, le théâtre exclusif d'opérations de l'Etat et jusqu'à ce jour ,l'Etat demeure le seul sujet de plein exercice du droit international. Cela veut dire que seuls les Etats non les individus ont des droits et des devoirs en application du droit international.

Bien que la question de religion ait depuis longtemps cessé d'être ,en elle-même ,un facteur déterminant de la formation des relations internationales,l'héritage gréco-judéo-chrétien, qui est à la base de la civilisation occidentale, a été et demeure dans une certaine mesure, le lien unissant les membres fondateurs de la famille des Nations. Aujourd'hui ,les nouveaux membres représentent pour la plupart des cultures religieuses et sociales complétement différentes notamment celles de l'islam, du bouddhisme et de l'hindouisme qui ont élaboré leurs propres systèmes de valeurs culturelles et juridiques ,ce qui pose au moins la question de savoir comment la variété croissante des origines culturelles sera susceptible d'affecter les principes d'où le droit international a été tiré par une communauté réduite de nations occidentales.

Nous pouvons à titre d'exemples ,les différents bouleversements des Nations dans le monde pour comprendre que beaucoup des sociétés mystiques influent sur l'ordre mondial et portent des injonctions sur ces dirigeants qui les reçoivent lors de leur voyage astral et non spirituel.

Le premier de ce glissement majeur est apparu dans la résolution intitulée « unis pour la paix » du 30 novembre 1950.sur l'initiative des Etats-Unis, une majorité qualifié des membres de l'organisation a chargé l'Assemblée de certaines taches dans le domaine de maintien de la paix.si le conseil de sécurité en raison d'un manque d'unanimité des membres permanents, n'est pas en mesure d'exercer sa responsabilité essentielle dans le domaine du maintien de la paix et de la sécurité internationale, ce transfert de pouvoir n'a jamais été reconnu officiellement bien qu'il ait été toléré et Moscou et la Chine s'en servent souvent et à leur guise.

Nous plaidons pour que les différences entre les religions ne puissent affecter le droit international.
Un parallélisme remarquable existe entre les moyens utilisés par les tenants occidentaux de la politique de suprématie nationale pour dissimiler les buts derrière une révérence hypocrite envers les principes supérieurs de la vertu.
La doctrine chinoise classique apparait ainsi étonnamment proche de la théorie classique de l'Inde, à un élément près,cependant,la prétention à un empire universel, né de la notion d'un monde uni et pacifique que gouvernerait le ciel, dont l'empereur de Chine ,serait le délégué terrestre.
Toute philosophie universaliste, face à une résistance soumettra l'opposant par la force en légitimant son acte par une prétention divine ou quasi divine à la supériorité.
La conception chinoise des relations internationales écartait la thèse de l'égalité des Etats souverains et soutenait que l'humanité devrait être gouvernée par un maitre unique conformément à un de principes universellement acceptés. Assertion remarquablement semblable à l'ascendance réclamée par les Etats musulmans au nom de l'islam. Elle trouve sa réplique dans les croisades de la chrétienté occidentale pour conquérir les Turcs par la force, sans la direction du Pape, de même que l'histoire toute entière de la conversion des païens au christianisme. Chaque fois, la conséquence a été la subordination des principes de paix et de respect des traités entre les nations à l'usage de la force, au nom d'une mission universelle, UNIS VERS un même idéal.
Les plus effroyables boucheries humaines ,ont été exécutées à cause des religions, qui se sont combattus,hais,chacune prétendant que les autres étaient fausses et ne se rendent pas comptent que toutes l'étaient

et que seul l'amour universel qui doit se résumer en « UNI-VERS devait compter pour le bien-être de l'humanité toute entière.

Beaucoup d'exemples montrent à suffisance que les enfants découvrent facilement les identités et leur appartenance à une société bien déterminée.

Combien de fois n'a-t-on pas remarqué même dans les journaux que quand une vedette de football fait gagner son équipe, c'est un Français qui a marqué le but de la victoire, mais s'il y a défaite, c'est le « franco-congolais qui n'a pas bien joué.

Le problème de Jeannine était très complexe en soi, car même les propres enfants du père Alex ,étaient totalement différents d'elle. Elle était une femme blanche ,française dont les enfants issus d'elle ,étaient métis ,mais avec une coloration sensible.

Jeannine a vécu des drames, des aventures parfois de mauvais gout, surtout quand la couleur intervient ,les cheveux, et le language,les débats deviennent très houleux pour faire accepter ces enfants au milieu des gens de couleur blanche.

Quelques années plutard,Gloire Mohamad, le fils musulman de Jeannine, décida de se rendre en Syrie pour combattre du côté des dadaïstes et se maria lui aussi à une femme musulmane dont ils eurent des enfants parmi lesquels un était « SS » ou « Drépanocytaire ».

La progéniture fut affectée par le problème épineux des douleurs,extrémismes,migrations,et bien d'autres.

Mohamad décida après le décès de son fils drépanocytaire, de regagner la France ,car ayant acquis déjà la nationalité française ,mais pas ses enfants ,nés en Syrie.

Gloire Mohamad avait rejoint les terroristes en Syrie pour communier avec ses frères musulmans ,devait-il rentrer en France en compagnie des enfants non français ?

Que reste-t-il de l’héritage du père de la multitude, figure tutélaire dont plus de trois quart des habitants de la planète se réclament ?

.

Bibliographie sélective

Bible de Jérusalem, *Edition du Cerf*, Paris, 2001.

Traduction œcuménique de la Bible(TOB) (1975), Cerf, Paris, 2005.

Bible Louis Second, *Alliance Biblique Universelle(1910)*, Corée, 2013.

Coran, *trad. E. Montet, 2 volumes*, Payot, Paris, 2001.

.**GINZBERG L.,** *les légendes des juifs*, Cerf, Paris, 1997-2006, Vol. II : Abraham, Jacob, 1998.

.**CHOURAKI A.**, *L'Univers de la Bible*, 10 volumes, 1985.

.**SIBONY D.**, *les Trois Monothéismes*, le Seuil, Paris, 1992.

.**AZRIA R.**, *le judaïsme,* « Repère », la Découverte, Paris, 2003.

.**LEWIS B.,** *l'Islam, d'hier à aujourd'hui,* Payot et Rivages, Paris, 1994.

.**CREPON P.**, *Les Religions et la guerre,* « Espaces libres », Albin Michel, 1982.

.**CASALIS C.,** *Protestantisme*, Larousse, Paris, 1976.

.**DU BORD C.-H**, *le Christianisme* : *Histoire, Courants, Cultures*, Eyrolles, Paris, 2005.

.**MBALA F.**, *Défi face à la mort*, Edilivre, Paris, 2014.

.**MBALA F.**, *Hypnose médicale et Foi qui guérit, une Approche psychothérapeutique de convergences parallèles*, Editions Croix du Salut, Allemagne, 2018.

.**IDEA,** Février 1992.

Notes Bibliques

Genèse 17 :5

Luc 3 :23-38

Matthieu 3 :9

Genèse 16 :1-6

Genèse 16, 17,21

Deutéronome 19 :21

Lévitique 24 :19-20

Exode 21 :23-25

Exode 15 :3

Genèse 16 :7-15

Genèse 17 :10-11

Genèse 17 :20-21

Lévitique 18 :22

Genèse 37 :25-28

Juges 8 :24

Genèse 25 :2

I. Thessaloniciens 5 :23

Hébreux 4 :12

Jean 4 :24

Genèse 1 :26

Hébreux 11 :1

Romains 12 :2

I. Timothée 6 :17

Genèse 12 :1-3

Genèse 3 :16-19

Proverbes 10 :22

Notes Coraniques

Sourates II : 135

Sourate III : 67-68

Sourate III : 67

Sourate I : 5

Sourate II : 190-191

Sourate III : 73

Sourate LXVII : 35

Sourate XXIV : 31

Sourate XXXIII : 59

Printed by Books on Demand GmbH, Norderstedt / Germany